UNA
GUÍA PARA ENTENDER
LA
ECONOMÍA

COLABORATIVA:
de clientes-consumidores a
individuos-proveedores

Jacques Bulchand Gidumal
Santiago Melián González

Elaborada en 2016 por Jacques Bulchand Gidumal y Santiago
Melián González

Diseño de la portada: Yurena Rivero
Iconos de la portada: Freepik y Madebyoliver de
www.flaticon.com

Versión 1.1, diciembre de 2016.

ISBN (papel): 978-84-617-6654-3
ISBN-13 (ebook): 978-84-617-6564-5

imecolab.com

Dedicatoria

A Lo, por esas horas de silencio y tranquilidad, sin las cuales este libro no habría visto nunca la luz.

A Litol por su paciencia y apoyo.

A Pitsu, por haber aportado aire fresco durante todo el proceso.

A Juan Ferrer, por obligarnos a ser más valientes y atrevidos en la redacción.

A Fernando Sáenz, por su lectura minuciosa y por sus aportaciones en forma de gráficos y otros contenidos, que ayudaron a enriquecer el documento.

A Freya, por haber renunciado a parte de su verano y días de asueto para leer una versión inicial de esta obra y darnos sus valiosas aportaciones.

A Desiderio, por sus múltiples sugerencias de páginas y modelos de negocio a incorporar al texto.

A José Luis Saavedra, por forzarnos a ir un poco más allá y a reflexionar sobre el futuro de la tendencia que estábamos describiendo.

A Cristina Suárez y a Jorge Boedo, por sus puntualizaciones y confianza en el producto final.

Y, por supuesto, *last-but-not-least*, a nuestras familias, por su apoyo y colaboración.

Patrocinio

Esta primera edición del libro ha contado con el patrocinio de la Fundación Universitaria de Las Palmas.

Fundación
Universitaria
de Las Palmas

Y con la colaboración de William Secín, S.L.

TRAVEL BUSINESS DEVELOPMENT

Índice resumido

Índice detallado

Los autores

Jacques Bulchand Gidumal es Profesor Titular de Emprendimiento y Turismo Digital de la Universidad de Las Palmas de Gran Canaria (ULPGC). Es miembro del Instituto Universitario de Turismo y Desarrollo Económico Sostenible (TIDES).

Después de 10 años en cargos de dirección y gestión de las TIC en empresas públicas y privadas, fue responsable durante 6 años de la dirección de TIC en la propia ULPGC. Posteriormente continuó su labor como docente, puesto en el que sigue hasta la actualidad. Imparte docencia de gestión de la tecnología en las organizaciones en el Grado en Administración y Dirección de Empresas, de turismo digital en el nivel de máster, y de creación de empresas de base tecnológica en las carreras de Ingenierías (Informática y Teleco).

Sus tópicos de investigación son el turismo digital, las nuevas tecnologías en las empresas y la economía colaborativa. Imparte conferencias relacionadas con el uso de las TIC y los cambios que se están produciendo en los sectores productivos debidos a la tecnología.

Ocasionalmente (demasiado ocasionalmente para su gusto) escribe en el blog jbulchand.com. En esta dirección web también está disponible su CV y los proyectos en los que participa. Estará encantado de oír tu opinión, punto de vista, sugerencias y críticas constructivas en jacques@imecolab.com.

Santiago Melián González es Profesor Titular de la Universidad de Las Palmas de Gran Canaria (ULPGC) de materias relacionadas con la dirección de recursos humanos tanto en grado como en postgrado universitarios. Es miembro del Instituto Universitario de Turismo y Desarrollo Económico Sostenible (TIDES).

Tras comenzar en su carrera profesional en el sector de la consultoría se incorporó a la universidad donde, aparte de la labor docente, ha desempeñado diferentes cargos de gestión, entre ellos el de Vicerrector de Desarrollo Institucional y Nuevas Tecnologías. Ha sido director del programa de doctorado Gestión en la Nueva Economía, de la Maestría en Dirección y Administración de Empresas y de la Maestría en Dirección de Recursos Humanos y Administración de Personal, todos impartidos en modalidad de teleformación.

Sus temas de investigación están relacionados con la interacción entre las TIC y el trabajo, los recursos humanos y la economía colaborativa. También estará encantado de oír tu opinión, punto de vista o sugerencias en santiago@imecolab.com.

La relación de los autores con la economía colaborativa

En un tema que en ocasiones genera una cierta controversia, como el de la economía colaborativa, creemos conveniente aclarar, antes de empezar, que los autores de este libro no son pro-economía colaborativa ni anti-economía colaborativa. Como investigadores universitarios, nos hemos intentado acercar al tema de la forma más objetiva posible.

En algunos casos, ya hemos sido usuarios de servicios de la economía colaborativa. En otros, aun no, porque todavía no están disponibles en la zona geográfica en la que vivimos o porque no nos ha apetecido usarlos, simple y llanamente.

Por tanto, el hecho de que escribamos este libro no significa que seamos defensores de la economía colaborativa. La vemos como un fenómeno de proporciones gigantescas, que ha llegado para quedarse y que requiere un debate reposado y razonado. Tras analizarla, entendemos que resulta necesaria una nueva regulación que contemple sus particularidades, que sea flexible en el tiempo e inteligente en su despliegue, a la altura de los retos que plantea. Esperamos que este libro contribuya al debate.

Antes de empezar. Cómo leer este libro y a quién va dirigido

Una advertencia al lector. Un libro en evolución

Este libro trata de uno de los sectores que más rápidamente está creciendo y evolucionando en los últimos años. Por ello, y en primer lugar, resulta casi imposible garantizar que en el mismo hayamos cubierto todas las facetas existentes y que todos los datos que aquí figuren estén completamente actualizados. Cualquier sugerencia de mejora, advertencia sobre errores, nuevos posibles contenidos para futuras versiones y cualquier crítica constructiva será más que bienvenida (en la sección de autores tienes nuestros correos electrónicos de contacto).

En segundo lugar, creemos importante recalcar que, de cada uno de los temas tratados en este libro, hay cientos de páginas y plataformas que abordan dichos temas, con enfoques en muchos casos parecidos. Por lo tanto, sería imposible nombrar todas estas webs existentes en cada uno de los apartados. Ante esa tesitura, en cada caso hemos optado por elegir alguna o algunas páginas web, bajo criterios subjetivos, de lo que consideramos más representativo. Más representativo en el sentido de presencia en los medios, de antigüedad de la página, de transacciones realizadas en la misma, de existencia en lengua castellana, etc.

Solo podemos garantizar que son todas las que están (si entre la inclusión en el libro y la publicación del mismo algunas de ellas no han cerrado), pero no están todas la que son.

En este sentido, este libro no ha sido realizado con la aportación económica, ni mediante algún otro tipo de colaboración, de ninguna de estas webs. Por tanto, lo que en ningún caso hemos utilizado es un criterio sesgado intentando promocionar una página u otra.

Como leer el libro

En la medida de lo posible, hemos intentado estructurar cada sección o capítulo de forma comprensible y a la vez independiente, de manera que el lector pueda ir saltando y leyendo los distintos apartados sin mayor problema. A pesar de ello, no siempre lo hemos logrado y en ocasiones hemos tenido que hacer referencias a temas mencionados en otros capítulos.

En cualquier caso, creemos que el lector que no conozca en profundidad la economía colaborativa podrá comprender mejor este texto asumiendo, de forma imaginaria, cualquiera de los roles importantes en la economía colaborativa: el consumidor, el proveedor, el trabajador tradicional, las empresas afectadas, o las instituciones reguladoras.

Preguntas como: ¿tengo algo que ofrecer en la economía colaborativa? y ¿a cambio de qué?, ¿estaría yo satisfecho trabajando en la economía colaborativa?, ¿contraría yo este servicio en la economía colaborativa?, y si yo fuera el regulador ¿pondría normas que delimitaran su funcionamiento?, pueden ayudar a comprender las múltiples facetas que definen esta economía digital.

Pensamos que no resultará difícil adoptar este enfoque durante la lectura, ya que como se verá, a fecha de hoy, la economía colaborativa está basada en los individuos. Por otra parte, también puede resultar más entretenido y ayudar a formarse una opinión en los aspectos más críticos.

Enlaces y páginas web

A lo largo del libro, el lector encontrará numerosas notas a pie de página que enlazan a artículos de los que se ha recogido la información. De igual forma, al final del libro se presentan todas las iniciativas digitales que se han mencionado durante el mismo y un enlace a la página web correspondiente.

Para evitar tener que teclear todos estos enlaces manualmente, en la página web imecolab.com el lector que así lo desee podrá encontrar un fichero con el listado de todos los enlaces.

Para quién es este libro

Este libro está orientado a todos aquellos que quieran entender el fenómeno de la economía colaborativa. Qué es; qué tipos de economía colaborativa hay; cuál es la relación entre la economía colaborativa y otros términos como el de la economía de la compartición (*sharing economy*), la economía de los pares (*P2P economy* o *peer-economy*) y el consumo colaborativo; las razones por las que usamos la economía colaborativa y cómo funciona; los temas normativos, legales y fiscales asociados.

En definitiva, trata de ser una obra que aglutine todo lo que hasta ahora sabemos sobre la economía colaborativa. Nuestro propósito es que sea una obra viva, de la que podamos sacar una nueva versión cada seis meses o cada año, según vayamos aprendiendo más y recibiendo nuevas aportaciones. Contamos contigo y esperamos tus contribuciones.

1 Introducción. Una posible estructura económica para el futuro

La colaboración directa entre personas buscando un beneficio mutuo siempre ha existido. Probablemente, el caso más conocido y antiguo sea el del trueque. No obstante, ha sido el avance tecnológico lo que ha hecho que a esta colaboración se la etiquete de economía, al haber multiplicado por varios órdenes de magnitud su presencia e influencia.

Históricamente, las innovaciones tecnológicas importantes (por ejemplo, la máquina de vapor, la electricidad) siempre han generado un impacto en la economía, teniendo como consecuencias la creación de nuevas actividades empresariales, hábitos de consumo, ocupaciones profesionales y contenidos de trabajo. En la época presente, nadie duda de que las tecnologías de la información y las comunicaciones (en adelante, TIC) e internet han revolucionado la sociedad, la economía e incluso las personas.

En este contexto, uno de los resultados de la expansión de internet ha sido la emergencia de la *economía colaborativa*. Si bien en la actualidad estamos empezando a percibir las formas en las que la sociedad que conocemos puede verse transformada por esta economía, autores como Rifkin (2014) pronostican que el cambio que se va a producir es de un calado con pocos precedentes en la historia de la humanidad. Rifkin indica que el auge del internet de las cosas (*internet of things*, IoT) y del coste marginal cero (la capacidad de producir unidades adicionales de bienes y servicios casi sin coste) dará lugar a un nuevo paradigma económico que él denomina el procomún colaborativo.

La economía colaborativa acoge diferentes formas de intercambio de bienes o servicios basadas en plataformas alojadas en internet. Estas formas de intercambio cubren un amplio espectro, desde los casos en que compartimos por el mero placer de hacerlo hasta los casos en los que lo único que buscamos es el beneficio económico.

Por tanto, es difícil definir una forma única de intercambio propia de la economía colaborativa, ya que además de la distinta finalidad de la relación, existen diferentes maneras de intercambiar o compartir estos bienes, servicios o contenidos. Por ejemplo, la plataforma puede intervenir o no en el precio del intercambio, los proveedores de los servicios pueden ser analizados y evaluados en mayor o menor medida antes de formar parte de la plataforma o durante su vinculación con la misma. No obstante, existen puntos comunes a todas estas maneras actuales de consumo. Tanto estos puntos comunes como las diferencias existentes serán tratados en este libro.

A su vez, estas formas de colaboración, trabajo y consumo propiciadas por internet, que ya se iniciaron de forma rudimentaria en el siglo XX, pero que son un desarrollo propio del siglo XXI, trascienden al mero intercambio comercial. Tienen importantes efectos en aspectos como la economía local, el emprendimiento, los negocios tradicionales, el marco legal del trabajo y las competencias requeridas a los trabajadores. Estas cuestiones también serán expuestas en las secciones que siguen a esta introducción.

Las dimensiones que ha alcanzado la economía colaborativa demandan un estudio de la misma, así como organizar el conocimiento en torno a los aspectos que mejor la representan. Solo por poner un ejemplo, en estos momentos el portal `Airbnb` afirma que ya comercializa más habitaciones y tiene más pernoctaciones y presencia en países, destinos y ciudades distintas que cualquier cadena hotelera en el mundo, a pesar de haber sido fundado en 2008. De forma más concreta, Goudin (2016) estima a nivel teórico que el potencial de esta economía podría ser de casi 600 mil millones de euros en Europa, basando sus cálculos en la infrautilización de recursos (humanos y materiales) que existe actualmente y que esta economía permitiría aprovechar. Abundaremos sobre estas cifras en uno de los capítulos del presente libro.

Como punto de partida, el próximo capítulo tiene como objeto aclarar qué es la economía colaborativa y sus diferencias respecto a otras denominaciones que frecuentemente se utilizan en este ámbito.

Hasta qué punto transformará la economía colaborativa a los individuos, a las empresas y a la sociedad, en general, resulta muy difícil de prever. Si se acaban generalizando algunas de las tendencias que estamos viendo en estos primeros años de desarrollo del fenómeno, podríamos encontrarnos en una nueva sociedad, con repercusiones similares a las causadas por la Revolución Industrial o por la Revolución Digital.

Podríamos llegar a una sociedad en la que la propiedad de los bienes cada vez sea menos relevante, ya que en la gran mayoría de los casos utilizaremos servicios cuando los necesitemos (en vez de comprar un coche, utilizamos uno, con o sin conductor y pagamos la tarifa por su uso). Una sociedad en la que las empresas sean cada vez menos relevantes a medida que son los individuos o pequeños grupos de individuos los que fabrican bienes y producen servicios, actuando la tecnología como conector.

Pero, ¿se acabarán generalizando estas tendencias? ¿O poco a poco la economía colaborativa se acabará diluyendo y pasará a formar parte de las estructuras económicas consolidadas y existentes? Es complejo dibujar un escenario con tantas variables desconocidas aún. Lo que sí parece claro es que hoy el futuro se presenta más apasionante que nunca.

2 Definiendo términos

Para empezar, creemos necesario aclarar qué es la economía colaborativa y hacer referencia a un amplio abanico de términos que también se suelen utilizar para denominar a una variopinta gama de fenómenos. En ocasiones, estos términos se usan como si fueran sinónimos, lo cual creemos que es un error.

Recientemente Cheng (2016) llevó a cabo una revisión de las publicaciones realizadas sobre economía colaborativa. Uno de sus hallazgos es la existencia de definiciones diferentes pero que, a la vez, tienen ciertos elementos comunes. El autor comenta que, aunque su origen está asociado a iniciativas no lucrativas (por ejemplo, la plataforma `Couchsurfing` en la que el alojamiento no conlleva un pago por parte del visitante), la economía colaborativa ha evolucionado hasta ser un gran modelo de negocio que comparte mercado con otras actividades empresariales, como ocurre, por ejemplo, con `Airbnb` y los hoteles.

En la misma línea, Eckhardt y Bardhi (2015) exponen que compartir es una forma de intercambio social entre individuos que se conocen y que no implica un beneficio económico. Por tanto, los intercambios realizados en plataformas como Uber y Airbnb, no son un proceso de compartición, sino un intercambio económico con valor utilitario más que social. Los autores prefieren llamar a este último tipo de intercambio economía de acceso. Por tal se refieren al hecho de que la misma permite, en vez de la propiedad, acceder temporalmente a un bien por motivos de conveniencia y de coste.

En cualquier caso, ya en la introducción expusimos que la economía colaborativa engloba diferentes formas de intercambio y relación entre personas, unas más parecidas entre sí y otras más diferentes. Estas modalidades de intercambio pueden asimilarse más a un proceso de compartición o, alternativamente, a un intercambio económico. Partiendo de que siempre hay una plataforma tecnológica intermediadora, Bostman y Rogers (2010) y Stokes *et al.* (2014) proponen las siguientes posibilidades:

- *Consumo colaborativo.* Intercambio de bienes y servicios entre personas. El intercambio puede consistir en la venta, trueque, alquiler, o préstamo y puede ser gratuito, de pago monetario o basado en un acuerdo entre las partes. Aquí se incluyen la mayor parte de los portales más conocidos.
- *Producción colaborativa.* Personas o grupos que comparten conocimiento y herramientas para conseguir de forma rápida prototipos y una producción descentralizada.
- *Aprendizaje colaborativo.* Personas que comparten y difunden conocimiento basándose en la web y en las tecnologías digitales.
- *Finanzas colaborativas.* Iniciativas de *crowdfunding* o financiación colectiva (basadas en el endeudamiento o en la propiedad), prestamos entre particulares, o sistemas alternativos de moneda.

- *Gobierno colaborativo.* Sistemas y herramientas para gestionar de manera descentralizada y participativa una comunidad.

En cada una de las anteriores cinco manifestaciones de la economía colaborativa, puede haber iniciativas que realmente consisten en un proceso de compartición de recursos y otras que lo que pretenden es un intercambio económico. En la figura 2.1 hemos representado distintos modelos de portales de la economía colaborativa en un continuo que va desde el mero hecho de compartir, denominada economía colaborativa de propósito social por la Comisión Europea (2016c), hasta el puro intercambio económico con ánimo de lucro. En medio de estos extremos hemos situado a las interacciones que buscan compartir los costes de una actividad y los intercambios basados en el trueque. Somos conscientes de que no siempre es fácil situar a una plataforma en este continuo y que muchas de ellas realmente pertenecen a varias de las categorías que se muestran en la figura.

Figura 2.1. Espectro de plataformas en la economía colaborativa

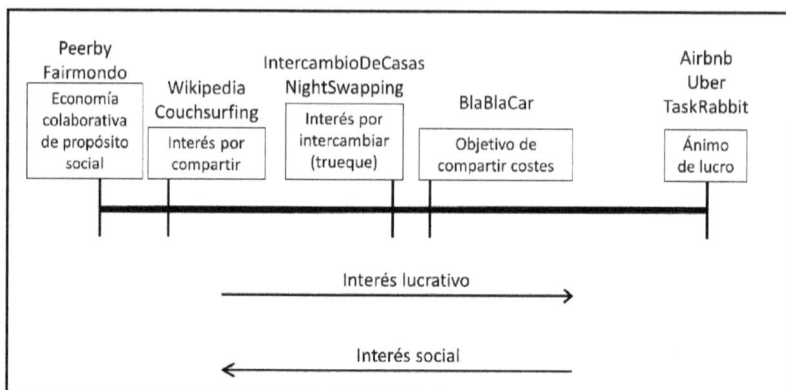

Fuente: elaboración propia

Partiendo de lo descrito hasta ahora, en este libro definiremos la economía colaborativa de la siguiente manera:

La economía colaborativa es la venta, intercambio o cesión de productos o servicios, principalmente por parte de individuos, mediante plataformas tecnológicas en línea que permiten la conexión y gestión de la relación entre los proveedores y los consumidores.

Por ejemplo, en Airbnb, HomeExchange y Couchsurfing las personas ceden sus casas o habitaciones usando una plataforma tecnológica que conecta al anfitrión con el huésped. No obstante, como se comentará más adelante, la primera implica un intercambio económico, la segunda se basa en el trueque, y en la tercera se comparte sin esperar nada a cambio. Siguiendo el mismo modelo, en Uber, también mediante una plataforma tecnológica, las personas ofrecen el servicio de transporte de pasajeros en sus vehículos particulares, y en `TaskRabbit` las personas ofrecen sus habilidades y conocimientos para llevar a cabo, sobre todo, tareas físicas.

La definición anterior nos vale para distinguir lo que engloba la economía colaborativa frente a otros modelos económicos existentes:

- *Las personas son las que actúan como proveedores.* Tradicionalmente, la mayoría de los fabricantes de productos y los prestadores de servicios han sido empresas. En el modelo de la economía colaborativa son las personas, y no las empresas, las protagonistas del proceso. No obstante, el desarrollo de la economía colaborativa ha evidenciado que algunas empresas se han incorporado a las plataformas de intermediación.

  Es decir, en ocasiones, hay empresas que aprovechan las plataformas de la economía colaborativa para vender sus productos o servicios. Por ejemplo, es posible que una empresa fabrique productos con apariencia artesanal y utilice `Etsy` como canal de comercialización; o que una agencia inmobiliaria utilice `Airbnb` para alquilar sus apartamentos. En general, consideraremos que, aunque las plataformas correspondientes sí son plataformas de economía colaborativa, estos casos específicos de ventas por parte de las empresas quedarían fuera de la definición de economía colaborativa.

  En este sentido, los informes de la Comisión Europea de junio de 2016 (Comisión Europea, 2016a,b[1]) incluyen

---

[1] Aparte del ya citado informe de la Comisión Europea sobre la economía colaborativa de propósito social, referenciado como Comisión Europea (2016c), la Comisión ha

en la definición de economía colaborativa, junto a las personas, a otros actores como los microemprendedores y los pequeños negocios. También Sundarajaran (2014) nombra estos últimos. En cualquier caso, se hace énfasis en dos grandes tipos de proveedores: amateurs y profesionales.

- *Plataformas tecnológicas de intermediación.* Frente a un modelo clásico de conexión entre cliente y proveedor llevado a cabo físicamente o a través de un medio digital para la comunicación directa (el correo electrónico o una página web de la persona que vende), en este caso hay un intermediario que crea una plataforma tecnológica en donde se agrupa y compara toda la oferta y se pone a disposición de los clientes.

¿Y sin tecnología no puede haber colaboración, podríamos preguntarnos? ¿Es que acaso los múltiples ejemplos históricos en los que las personas colaboraban antes de internet no son modelos válidos de colaboración? Por supuesto que sí. Pero, a nuestro juicio, es la llegada de internet lo que causa el apalancamiento de estos modos de colaboración, lo que los multiplica exponencialmente y lo que permite que alcancen cotas e impactos nunca vistos, constituyendo lo que podríamos llamar una economía como tal. Los modelos previamente existentes de colaboración entrarían dentro de otros conceptos como economía social o consumo colaborativo que explicaremos a lo largo de este capítulo.

---

publicado otros dos informes en 2016, respecto a la economía colaborativa, que se citan en este libro. El referenciado con la letra a recoge la comunicación de la Comisión al Parlamento europeo, al Consejo, al Comité Económico y Social Europeo y al Comité de las Regiones. El referenciado con la letra b incluye el documento de trabajo del *staff* de la Comisión para la elaboración de la anterior comunicación.

En la figura 2.2 se puede observar en qué ámbitos se sitúa actualmente la economía colaborativa.

Figura 2.2. Economía colaborativa en función de la oferta y la demanda

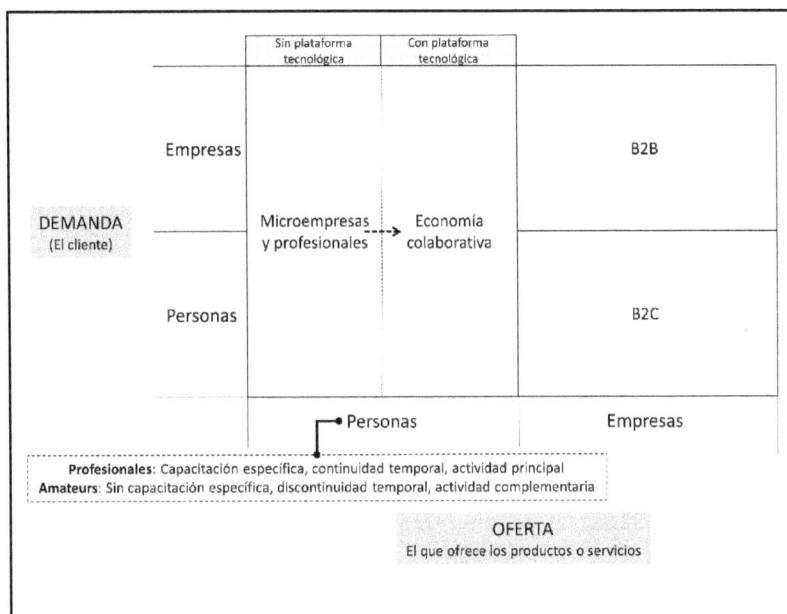

Fuente: elaboración propia

La figura recoge, por una parte, las relaciones comerciales entre empresas (B2B) y entre empresas y personas (B2C). Por otra parte, están representadas las relaciones tradicionales (sin plataformas tecnológicas) entre personas que actúan como proveedores (microempresas y profesionales) y personas y empresas como clientes. Finalmente, la economía colaborativa aglutina los intercambios basados en plataformas entre los individuos como proveedores y empresas u otros individuos como clientes. Esta economía no es un compartimento estanco, sino que sus actores también están presentes en la actividad económica tradicional (de ahí la línea discontinua que aparece en la figura). También hemos indicado con una flecha la tendencia de los pequeños emprendedores a usar la economía colaborativa como canal de comercialización.

Además de las dos características anteriormente citadas (que los proveedores son básicamente individuos, y no organizaciones, y que se usan plataformas digitales para la conexión), hay otros rasgos inherentes a la economía colaborativa:

- *Presencia de valoraciones previas.* En las plataformas suele haber valoraciones de clientes que han comprado los productos o experimentado los servicios previamente. Estas valoraciones tienen una doble utilidad.

  Por una parte, reducen la asimetría de información que caracteriza a la economía colaborativa, ya que los consumidores no tienen otras referencias que, en algunos casos, sí pueden encontrar en la economía tradicional (por ejemplo, las instalaciones de la empresa, la apariencia física de los trabajadores, los recursos con los que cuenta, etc.). Esta reputación online del proveedor ayuda a los nuevos clientes a elegir entre los productos y servicios ofertados y se convierte en un elemento clave en el proceso de intercambio.

  Por otra parte, la recomendación de los clientes se convierte en uno de los principales motores de expansión de la economía colaborativa, ya que atrae clientes de intereses y gustos similares hacia ofertas diversas.

- *La oferta excede ampliamente a la demanda.* En muchos casos se trata de servicios o de productos que mucha gente puede producir. Por ello, la oferta disponible en este tipo de plataformas suele ser bastante amplia, encontrando una parte significativa de la oferta que tiene escasa o nula demanda, tal y como detallaremos más adelante. Se producen, asimismo, con cierta rapidez, procesos de especialización diferencial de la oferta que permiten la microsegmentación y ajustes muy finos con la demanda de tipos de clientes con necesidades y deseos específicos (un modelo tipo larga cola).

- *En general, es una ocupación a tiempo parcial.* Por lo menos hasta ahora, la economía colaborativa no es una ocupación laboral a tiempo completo. Aunque la evidencia es limitada, parece que la mayor parte de los proveedores en la economía colaborativa tienen o necesitan otra u otras ocupaciones profesionales para generar los ingresos suficientes para vivir. En este sentido, la economía colaborativa es frecuentemente elegida como una fuente de ingresos complementarios. Por otra parte, existen casos de trabajadores en la economía colaborativa que realizan varias actividades distintas, pertenecientes a la economía colaborativa, a lo largo de un mes, incluso a lo largo del día, de cara a generar, con el conjunto de estas, unos ingresos razonables. Por ejemplo, conducen un coche para una plataforma tipo `Uber`, alquilan una habitación de su casa a través de `Airbnb` y sirven como guías turísticos a través de `Trip4real`.

El cuadro 2.1 resume la información básica sobre la actividad que se realiza en la economía colaborativa.

Cuadro 2.1. Caracterización de la economía colaborativa

Definición	Venta, intercambio o cesión de productos o servicios, principalmente por parte de individuos, mediante plataformas tecnológicas en línea que permiten la conexión y gestión de la relación entre los proveedores y los consumidores
Características	- El proveedor es un individuo - Conexión entre clientes y proveedores mediante plataformas digitales - Valoraciones que ayudan a elegir - La oferta excede a la demanda (hay más proveedores que clientes) - Trabajo a tiempo parcial
Ejemplos más representativos	Alquiler de viviendas: Airbnb Transporte de pasajeros: Uber, BlaBlaCar Tareas domésticas: TaskRabbit Servicios profesionales: PeoplePerHour

Fuente: elaboración propia

2.1. Terminología

Como ya hemos advertido, para describir este fenómeno que supone la economía colaborativa y otros similares se utilizan distintos términos, en ocasiones incluso de forma intercambiable, sin que en realidad lo sean. Los siguientes apartados recogen estas denominaciones con una explicación del tipo de actividades que creemos se ajustan mejor a las mismas. La idea es entender en qué medida se adaptan al fenómeno global o, en su caso, con qué modalidad específica de colaboración o intercambio encajan mejor.

Vaya por delante que somos conscientes de que la realidad es mucho más difusa y borrosa de lo que pretende la clasificación que sigue. Las cosas no son blancas ni negras, sino que tienen un amplio espectro de matices y de grises. Hemos intentado adoptar algunos criterios de referencia, pero entendemos que el lector pueda no estar de acuerdo completamente con los mismos.

Antes de empezar con cada uno de los conceptos, quisiéramos indicar que los dos términos que han ganado mayor popularidad en castellano y en inglés son, respectivamente, economía colaborativa y *sharing economy*. Curiosamente, se puede comprobar como no son exactamente una traducción el uno del otro. Economía colaborativa sería más bien *collaborative economy* y *sharing economy* se traduciría más bien por economía compartida.

Debido a ello, hemos elegido como referencia para este libro, al estar escrito en lengua castellana, el término economía colaborativa. A continuación, explicamos en primer lugar de donde proviene el mismo (el consumo colaborativo) y luego iremos introduciendo todos los demás términos: economía colaborativa, economía compartida (*sharing economy*), economía de las plataformas, economía del pequeño encargo (*gig economy*) y economía bajo demanda (*on-demand economy*), finalizando con una breve referencia a los conceptos de economía social, economía del bien común y conocimiento compartido.

Consumo colaborativo

Se trata del primer término que aparece alrededor de este movimiento (Felson y Spaeth, 1978; Botsman y Rogers, 2010; Belk, 2014). Normalmente, el término consumo colaborativo se orienta a la idea de que las personas comparten sus bienes evitando de esta forma un exceso de consumo y la compra innecesaria de productos que luego no serán utilizados. Con ello se genera un consumo más responsable y razonable, más sostenible y menos demandante de los recursos del planeta.

Buena parte de estos conceptos se introdujeron en el libro *What's Mine Is Yours: The Rise of Collaborative Consumption* de Rachel Botsman y Roo Rogers (Botsman y Rogers, 2010). Rachel Botsman indica que el consumo colaborativo ha pasado por una serie de etapas: programadores que comparten su código; compartición de lo que hacemos en nuestro día a día en redes sociales; compartición de lo que creamos digitalmente (vídeos, música, fotos, etc.); y la etapa actual en la que compartimos nuestros bienes.

Por su parte, Belk (2014:1597) define el consumo colaborativo como "[...] personas que se coordinan para la adquisición y distribución de un recurso por una tarifa u otra compensación [...]", incluyendo entre estas otras posibles formas de compensación aquellas que involucran una compensación no monetaria.

En español, resulta recomendable la obra *Vivir Mejor con Menos: Descubre las ventajas de la nueva economía colaborativa* de Cañigueral (2014). Aunque en el título se nombra a la economía colaborativa, a nuestro juicio el libro trata más bien de lo que aquí hemos denominado consumo colaborativo. El propio Cañigueral explica que el consumo colaborativo es la puerta de entrada a la economía colaborativa, visión con la que estamos de acuerdo.

En resumen, entendemos adecuado el uso del término consumo colaborativo para los casos en los que se lleva a cabo un proceso de colaboración entre individuos para consumir de una manera más sostenible y responsable.

Economía colaborativa

Como generalización del concepto del consumo colaborativo aparece el de economía colaborativa. Se trata del término más utilizado actualmente en castellano. Se mantiene el concepto "colaborativo", puesto que existe la idea implícita de que en este tipo de economía se está llevando a cabo algún tipo de colaboración entre el proveedor del servicio y el cliente.

Esto es debido a que se entiende que ambas partes tienen que estar de acuerdo para que el consumo tenga lugar (por ejemplo, el momento en el que se entregan las llaves de un apartamento).

Aunque lo anterior puede parecer idílico, y proporciona un cierto romanticismo a estos servicios en los que las empresas no intervienen, la realidad, a nuestro juicio, es ligeramente diferente.

A medida que las plataformas han ido evolucionando, esa supuesta colaboración ha sido desplazada por el comercio en la mayoría de los casos. Hoy en día, las personas ofrecen productos y servicios a precios de mercado y otros individuos, o incluso las empresas, compran y pagan por ellos. Aunque el hecho de que el intercambio tiene lugar entre individuos podría apuntar hacia una actitud de mayor colaboración de los clientes, no creemos que este hecho sea suficiente justificación para nombrar a todos los que se desarrolla en esta economía como la economía colaborativa.

Por otra parte, y haciendo de abogados del diablo, podríamos decir que en la economía tradicional también tiene que haber un proceso de colaboración. El recepcionista de un hotel tiene que "colaborar" con sus huéspedes para entregarles las llaves y explicarles el funcionamiento del hotel; un taxista debe "colaborar" con sus pasajeros para llevarle al punto de destino; y así sucesivamente.

A pesar de todo lo anterior, la realidad es que se ha convertido en uno de los términos más utilizados hoy en día y creemos que, de todas las opciones disponibles, es el que se ajusta relativamente mejor al fenómeno. Esta es la causa por la que hemos decidido utilizarlo en este libro, aunque no estemos totalmente de acuerdo con él.

Por tanto, utilizaremos el término economía colaborativa para hacer referencia a la globalidad del fenómeno, al conjunto de plataformas digitales existentes que permiten la conexión entre los individuos que proveen bienes o servicios y los consumidores que los adquieren.

Economía compartida o de la compartición (*sharing economy*)

Entendemos que el nombre de economía compartida (Gold, 2004; Sacks, 2011; Belk, 2014; Matzle, Veider y Kathan, 2015; Sundararajan, 2013) es válido para un número limitado de casos en que los productos o servicios son realmente compartidos. Por ejemplo, cuando ofrecemos nuestro sofá en Couchsurfing sin esperar, en principio, nada a cambio; o cuando entregamos nuestro conocimiento también sin esperar una compensación económica, en la Wikipedia.

La realidad es que, en los casos más conocidos, dentro de esta nueva economía, hay un intercambio monetario como contraprestación a los servicios (por ejemplo, Airbnb, Uber, TaskRabbit, Trip4real, entre otros), sin que realmente se lleve a cabo una compartición como tal.

No obstante, y como comentábamos, sí que hay algunos casos de intercambio de productos, servicios y conocimientos sin compensación económica específica. Las personas comparten lo que saben y prestan sus pertenencias sin esperar una recompensa más allá de la satisfacción de haber compartido y ayudado a otros. Por lo tanto, creemos que economía compartida puede ser un término válido para determinados casos puntuales de todos los existentes dentro del fenómeno global de la economía colaborativa.

A pesar de estas limitaciones respecto a lo que realmente engloba, y tal y como comentábamos anteriormente, el término *sharing economy* es el más popular en la actualidad en lengua inglesa. No obstante, son varios los autores que critican el uso generalizado de este término.

Economía de los pares (*peer economy*)

El término economía de los pares o economía p2p (*peer economy, peer-to-peer economy*) (Bauwens, 2012) también se ha utilizado, derivado de una de las tecnologías con las que comenzó el movimiento: las redes informáticas a través del cual los pares, los iguales, intercambiaban contenidos digitales. Entre otros, recordamos algunos servicios desaparecidos o con bajo nivel de uso actualmente como Napster, Gnutella, Kazaa, Ares o Emule. En 2016, el más conocido de estos servicios es la red basada en el protocolo BitTorrent, que requiere de programas como Vuze para poder acceder a los archivos existentes en la red que utiliza dicho protocolo.

Desde nuestro punto de vista, este concepto tiene un ámbito muy reducido, ya que en la mayoría de los casos los intercambios y venta de servicios se llevan a cabo entre dos individuos que no son realmente pares.

Aunque es cierto que los productores de bienes y los prestadores de servicios no son corporaciones, para considerar a dos individuos como pares entendemos que deberían ser iguales. A pesar de que los que tienen una relación comercial pueden ser iguales en las variables demográficas, no son iguales en el sentido de poseer los bienes que les permiten vender productos y servicios. Cuando se realiza un intercambio de casa, los que intercambian deben ser iguales y tener una casa, por lo que este sí sería un intercambio p2p. Es lo mismo que sucede con las redes digitales p2p, en las que un usuario dispone de un ordenador y unos contenidos que pone a disposición de la comunidad y, a su vez, recoge y descarga otros contenidos desde los ordenadores de otros miembros de la comunidad.

Sin embargo, cuando alquilamos una habitación o un apartamento, o nos subimos a un `Uber`, no necesitamos poseer y alquilar un lugar o ser conductores a su vez. Del mismo modo, aunque las partes que negocian un producto en `Etsy` son personas interesadas en los productos de artesanía, poco más tienen en común. Uno produce bienes; el otro compra y los utiliza. Por lo tanto, no creemos que sea correcto denominar al fenómeno global economía de los pares, debiendo usar este término solo para casos muy específicos, como, por ejemplo, `IntercambioDeCasas`, web en la que los particulares intercambian sus casas sin contraprestación económica.

Economía de las plataformas (*platform economy*)

Como ya comentamos anteriormente, un elemento básico de la economía colaborativa es la existencia de una plataforma digital de conexión entre clientes y proveedores. De ahí que también haya aparecido el nombre de economía de la plataforma.

Como veremos en capítulos posteriores, en determinados casos la plataforma no tiene un mero papel de punto de contacto entre clientes y proveedores. En ocasiones, las plataformas se encargan de fijar los precios, no solo de recomendarlos a los proveedores, u obligan a los mismos a aceptar las peticiones de servicios que la plataforma les asigne para mantener su perfil activo, entre otras interferencias en la relación entre clientes y proveedores.

A nuestro juicio, el nombre de economía de la plataforma se ajusta bastante bien al fenómeno que estamos examinando en este libro. No obstante, hemos preferido no utilizarlo porque entendemos que, en castellano al menos, se trata de un término poco conocido.

El Departamento de Comercio de EE.UU. ha publicado un informe (Telles, 2016) en el que denomina a esta economía la de las *digital matching firms* (empresas digitales de emparejamiento). En este informe indican las razones por los que entienden incorrecto el uso de los términos compartida o colaborativa. Coincidimos con el planteamiento que hacen, pero entendemos complicado que se vaya a producir una sustitución global de la forma de referirnos al fenómeno, renunciando a términos tan utilizados ya como *sharing economy* o *collaborative economy* para adoptar la denominación de *digital matching firms*.

En cualquier forma, el Departamento de Comercio reconoce en su informe que con el término utilizado precisamente tratan de acotar el mismo y no de buscar una denominación que pueda englobar a todos los productos y servicios que hay dentro de esta economía.

Por último, mencionamos que en algunos casos se utiliza el nombre de alguna de las plataformas más conocidas para hacer referencia al fenómeno en su conjunto. Por ejemplo, es frecuente encontrar referencias a la *uberización* de la economía[2].

---

[2] http://wordspy.com/index.php?word=uberization

Economía del pequeño encargo o de los bolos (*gig economy*)

El término *gig* se utiliza en inglés para hacer referencia al bolo musical que llevaban a cabo los cantantes, es decir, las pequeñas actuaciones que acababan generando un empleo para el artista por la realización de muchas de las mismas. Actualmente, el término se está aplicando a esta nueva economía también, por cuanto que, como ya veremos posteriormente, muchos de los trabajadores de la misma funcionan de esa forma: van recibiendo pequeños encargos de manera sucesiva, de forma que la suma de los mismos podría llegar a suponer incluso una jornada laboral completa.

Por tanto, el término economía del pequeño encargo hace referencia sobre todo al hecho de la realización de pequeñas tareas de índole variada. En el ámbito anglosajón se está utilizando principalmente como forma de llevar a cabo una reflexión acerca de la desaparición de los puestos de trabajo tradicionales y la precariedad en el empleo.

Por ello, entendemos que tan solo abarca una parte de las implicaciones del fenómeno que pretendemos analizar en este libro y, por lo tanto, no hemos considerado adecuado utilizarlo como término de referencia. En el cuadro 2.2 se muestran diferentes ejemplos de tareas o encargos ofertados en varias plataformas que encajan en el concepto de la *gig economy*.

Cuadro 2.2. Ejemplos de tareas o profesionales ofertados en diferentes plataformas de la *gig economy*

Plataformas	Ejemplos de tareas ofertadas
TaskRabbit	Reparto, montaje de muebles, mudanzas, cambiar mobiliario, limpieza, reparaciones menores en el hogar, asistente personal, jardinería, montaje, apoyo en eventos, y compras.
Handy	Montaje de muebles, pintura de interiores, montaje de televisiones, mudanzas, limpieza del hogar, colgar cuadros y estantes, aire acondicionado, cerraduras y pomos, y limpieza de alquiler vacacional.
Upwork	Animadores 3D, productores de video, desarrolladores Java, personal de apoyo al cliente, introducción de datos, traductores, investigadores de mercado, contable, y análisis estadístico.
etece	Fontanero, electricista, pintores, jardineros, portes, mudanzas, limpiadora, cocinera, costurera, montaje de muebles, limpieza de oficina, introducir datos, secretaria, catering y traductor.

Fuente: elaboración propia a partir de la información proporcionada por las plataformas

Economía bajo demanda (*on-demand economy*)

Se trata de un subconjunto muy específico de servicios asociados a la economía colaborativa. En este caso, se trata de servicios en los que se busca satisfacer, de forma casi inmediata, las necesidades que puedan tener los consumidores mediante la provisión de los bienes o servicios que requieran en cada momento (Jaconi, 2014).

El objetivo es casar aquellas personas que puedan tener tiempo libre con personas que no disponen de tiempo libre pero sí de dinero para pagar por el mismo. Así, las personas ocupadas pagan por ser transportados (Uber), porque les hagan la compra y se les entregue en una hora o menos (Instacart), porque se encarguen de llevarles la ropa a la tintorería (Washio, cerró en agosto de 2016), o porque les lleven cualquier cosa que deseen en cualquier momento (Postmates).

Como se puede comprobar, el tipo de cuestiones aquí mencionadas bajo el término de *on-demand economy* encajan con el concepto antes citado de *gig economy*. Los trabajadores dedicados a cubrir las pequeñas demandas de servicios que necesitan otras personas ocupadas realizarán pequeñas tareas (*gigs*) de forma sucesiva dando lugar a la denominada *gig economy*.

De nuevo, entendemos que este término solo es de aplicación en un conjunto muy específico de casos y por ello hemos optado por no utilizarlo como referencia.

Economía social

La economía social es un término que toca tan solo tangencialmente el fenómeno sobre el que queremos tratar en este libro. Aun así, hemos creído conveniente introducir el mismo y aclarar su relación con la economía colaborativa.

La economía social, también conocida como tercer sector, se posiciona entre el sector público y el sector privado e incluye cooperativas, ONGs y mutuas, entre otros. Se trata de un sector que se encuentra regulado en distintos países. En España, por ejemplo, existe la Ley 5/2011, de Economía Social, que la regula y que la define de la siguiente forma:

> [...] conjunto de las actividades económicas y empresariales, que en el ámbito privado llevan a cabo aquellas entidades que, de conformidad con los principios recogidos en el artículo 4, persiguen bien el interés colectivo de sus integrantes, bien el interés general económico o social, o ambos.

Siendo los principios que menciona en esta definición los siguientes:

> a) Primacía de las personas y del fin social sobre el capital, que se concreta en la gestión autónoma y transparente, democrática y participativa, que lleva a priorizar la toma de decisiones más en función de las personas y sus aportaciones de trabajo y servicios prestados a la entidad o en función del fin social, que en relación a sus aportaciones al capital social.

> b) Aplicación de los resultados obtenidos de la actividad económica principalmente en función del trabajo aportado y servicio o actividad realizada por las socias y socios o por sus miembros y, en su caso, al fin social objeto de la entidad.

> c) Promoción de la solidaridad interna y con la sociedad que favorezca el compromiso con el desarrollo local, la igualdad de oportunidades entre hombres y mujeres, la cohesión social, la inserción de personas en riesgo de exclusión social, la generación de empleo estable y de calidad, la conciliación de la vida personal, familiar y laboral y la sostenibilidad.

> d) Independencia respecto a los poderes públicos.

Además, el sector se encuentra representado por la Confederación Empresarial Española de la Economía Social (CEPES).

En internet es posible encontrar una gran cantidad de información sobre la economía social. Entre otras, remitimos a la página Economía Social en España[3] de la Wikipedia y a la página de la mencionada Confederación Empresarial Española de la Economía Social[4].

Según Ouishare[5], la relación entre la economía social y la economía colaborativa se produce, principalmente, en el ámbito del protagonismo que adquieren los individuos en la sociedad (lo que muchos denominan el empoderamiento del individuo), en los cambios en los patrones económicos existentes y en el hecho de la transformación social que ambos movimientos están causando.

Por otra parte, se ha propuesto una transferencia de ideas y prácticas entre los ámbitos de la economía colaborativa y el cooperativismo. Concretamente, Como *et al.* (2016) proponen que este último podría beneficiarse del aspecto tecnológico que soporta la economía colaborativa y de las nuevas formas de interacción social que ha generado. A su vez, la economía colaborativa podría considerar el modelo de propiedad y de gestión del cooperativismo, valorando su larga trayectoria y su capacidad para combinar los objetivos económicos y sociales en un único proyecto de desarrollo local.

En este mismo sentido, Scholz (2016) habla de cooperativismo de plataforma, un modelo en el cual se utilizan

---

[3] https://es.wikipedia.org/wiki/Econom%C3%ADa_social_en_Espa%C3%B1a

[4] http://www.cepes.es/

[5] "5 puntos de encuentro entre la economía colaborativa y la economía social y solidaria", http://magazine.ouishare.net/es/2015/12/5-espacios-de-encuentro-entre-la-economia-colaborativa-y-la-economia-social-y-solidaria/

sistemas tecnológicos similares a los de las grandes plataformas actualmente existentes, gestionadas de forma cooperativa y con una distribución de las rentas más equitativa.

Economía del bien común

La economía del bien común ha sido definida y promovida por el economista austríaco Christian Felber. Su objetivo es implantar y desarrollar una economía sostenible y alternativa a los mercados financieros, en la que la que la economía esté al servicio del bien común, de los intereses generales y no de unos pocos. La página de la Wikipedia correspondiente tiene información detallada al respecto[6], al igual que la propia página de la Economía del Bien Común[7].

Resulta interesante comprobar la relación entre la Economía del Bien Común y la Economía Social antes citada. Tal y como se comenta en El Salmón Contracorriente[8], se trata de dos planteamientos que son complementarios.

De igual forma que comentamos en el apartado anterior, consideramos que mucho de lo ya indicado de relación entre Economía Social y economía colaborativa se puede aplicar al caso de la Economía del Bien Común.

---

[6] https://es.wikipedia.org/wiki/Econom%C3%ADa_del_bien_com%C3%BAn

[7] http://economia-del-bien-comun.org/es

[8] "Economía social - Economía del bien común: Una simbiosis perfecta", http://www.elsalmoncontracorriente.es/?Economia-social-Economia-del-bien

Conocimiento compartido

Hay distintas iniciativas en curso y una importante corriente de acción orientadas hacia la compartición del conocimiento. Al estar actualmente la gran mayoría del conocimiento en formato digital, su compartición es sencilla siempre que el autor esté de acuerdo.

Dentro de este concepto se pueden citar las licencias Creative Commons o las iniciativas de gobierno abierto y de datos abiertos, entre otros.

Lo que no se incluye en las definiciones vistas

Además de todos los tipos de economía y plataforma citados hasta aquí, también hay otros modelos digitales de intercambio que no se incluyen dentro de lo que en este libro hemos definido como economía colaborativa.

En este sentido tenemos las plataformas de anuncios que ponen en contacto a particulares (por ejemplo, `craigslist`, `Vibbo`, antes SegundaMano, o `MilAnuncios`), más orientadas a la venta o el intercambio de objetos de forma puntual, de manera que en las mismas no suele aparecer el concepto de reputación del vendedor o proveedor. Por ejemplo, una persona que quiere vender su vehículo usado de segunda mano tan solo usará la plataforma puntualmente para dicha venta, no llegando a generar una reputación digital como tal, ni empleando dicha plataforma como una fuente regular de ingresos.

En cambio, en la economía colaborativa lo típico es que el recurso (por ejemplo, el vehículo) o la habilidad (por ejemplo, el transporte) no se transmita de manera definitiva al consumidor, sino que se ceda al mismo de manera puntual. Por otra parte, el consumidor puede acceder a un recurso (por ejemplo, coche, vivienda, bicicleta, barco) sin necesidad de adquirir la condición de propietario del mismo.

Un caso excepcional a lo anterior es la plataforma Etsy, en la que se venden productos originales de artesanía al consumidor. La diferencia respecto a las plataformas citadas al principio del párrafo previo es que en Etsy los proveedores están disponibles de manera permanente, no solo cuando tienen un recurso que quieren vender. Además, la idea no es la venta de productos usados, sino de creaciones originales. En Vibbo, por ejemplo, si una persona tiene un bolso y logra venderlo no volverá a vender más bolsos, ya que su stock de este producto es limitado. Un consumidor no podrá dirigirse a esta persona, ya que se habrá dado de baja, o, en el caso de ser contactado, dirá que el bolso ya lo vendió. Por el contrario, en Etsy hay personas que siempre están ofreciendo bolsos, ya que su actividad en la economía colaborativa consiste en la confección o personalización de los mismos. Su actividad no es puntual y no finaliza cuando un stock de productos se acaba. Su trabajo hace que puedan atender las peticiones de distintos consumidores en diferentes momentos y, normalmente, su habilidad les permite ofrecer diferentes productos (por ejemplo, otros complementos de vestir como pulseras) o variantes de uno mismo (por ejemplo, bolsos para una fiesta y bolsos para el día a día).

Sin embargo, hay que reconocer que las posibilidades que ofrece la tecnología hace que en ocasiones resulte difícil clasificar la actividad de algunas plataformas en internet. Así, en ebay pueden concurrir la venta por parte de empresas, la oferta de productos de segunda mano por particulares, y la comercialización permanente de productos originales por parte también de particulares. De la misma manera, plataformas especializadas en la venta de productos específicos de segunda mano permiten que, actualmente, particulares reutilicen productos que antes desechaban. Aunque en puridad es una venta de segunda mano, es la presencia de estas plataformas especializadas lo que permite a los particulares aprovechar lo que antes no se reutilizaba. En el cuadro 2.3 hemos sintetizado las definiciones de las distintas denominaciones y sus diferencias respecto al término global de economía colaborativa.

Cuadro 2.3. Denominaciones usadas en el ámbito de la economía colaborativa

Denominación: Economía compartida (*sharing economy*)
Definición: Compartición de productos/servicios sin esperar nada
Diferencia con la economía colaborativa: Solo aquellos casos en que no se espera retorno monetario o de otro tipo, al menos de forma directa
Ejemplos representativos: Couchsurfing, Wikipedia

Denominación: Consumo colaborativo
Definición: Colaboración entre individuos para consumir de manera sostenible y responsable, evitando la compra de bienes; trueques
Diferencia con la economía colaborativa: El objetivo no es obtener un beneficio económico, sino aprovechar mejor los recursos
Ejemplos representativos: BlaBlaCar, TrocUp

Denominación: Economía de los pares (*peer, p2p economy*)
Definición: Intercambio o venta de productos entre iguales
Diferencia con la economía colaborativa: Solo casos en que proveedor y cliente son pares (los dos tienen una casa y la intercambian)
Ejemplos representativos: IntercambioDeCasas

(sigue)

(Cuadro 2.3. continuación)

Denominación: Economía de la plataforma (*platform economy*)
Definición: Sistemas que usan plataformas digitales para intermediar entre clientes y proveedores
Diferencia con la economía colaborativa: Ninguna significativa
Ejemplos: Casi todos los de este libro, ya que siempre hay una plataforma digital como conector del modelo

Denominación: Economía del pequeño encargo (*gig economy*)
Definición: Desarrollo de pequeñas tareas o encargos
Diferencia economía colaborativa: No incluye préstamo, alquiler o venta
Ejemplos representativos: Upwork, TaskRabbit

Denominación: Economía bajo demanda (*on-demand economy*)
Definición: Desarrollo de tareas bajo demanda; similar a *gig economy*, pero más orientada a servicios necesarios casi en tiempo real
Diferencia economía colaborativa: No incluye préstamo, alquiler o venta
Ejemplos representativos: Postmates

Fuente: elaboración propia

Por último, y para finalizar este capítulo dedicado a los distintos términos y conceptos que se usan en el ámbito de la economía colaborativa, presentamos en la figura 2.3 una ampliación de la figura 2.1, en la que incluimos todas las denominaciones que hemos mencionado y la relación entre las mismas.

Figura 2.3. Relación entre las denominaciones usadas en el ámbito de la economía colaborativa

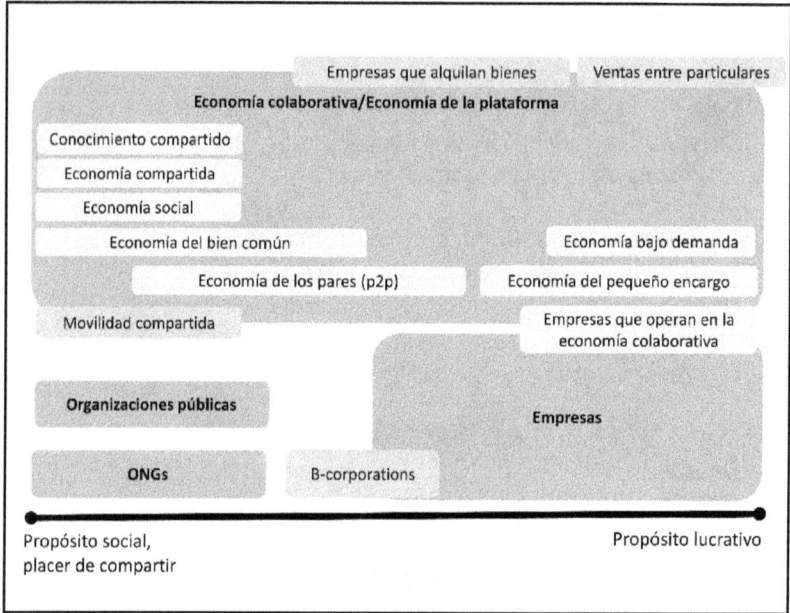

Empresas que alquilan bienes   Ventas entre particulares

Economía colaborativa/Economía de la plataforma

Conocimiento compartido

Economía compartida

Economía social

Economía del bien común   Economía bajo demanda

Economía de los pares (p2p)   Economía del pequeño encargo

Movilidad compartida   Empresas que operan en la economía colaborativa

Organizaciones públicas   **Empresas**

ONGs   B-corporations

Propósito social,   Propósito lucrativo
placer de compartir

Fuente: elaboración propia

3 Clasificación de la economía colaborativa

El término economía colaborativa engloba distintos tipos de relaciones y actuaciones por parte de las personas y organizaciones en internet. No es un fenómeno homogéneo, sino que incluye diferentes modalidades de intercambio e interacción entre los individuos. El Comité de las Regiones de la UE (Comité de las Regiones, 2015) establece una clasificación de cuatro tipos de economía colaborativa. Las tres siguientes son las que son objeto de este libro:

- La economía de acceso (*access economy*), para aquellas iniciativas cuyo modelo de negocio implica la comercialización del acceso a bienes y servicios, no su tenencia. Se trata de un alquiler temporal en vez de una venta definitiva.
- La economía de los trabajos ocasionales (*gig economy*), para iniciativas basadas en trabajos esporádicos cuya transacción se hace a través del mercado digital.

- El <u>consumo colaborativo</u> (*collaborative economy*, en el informe), para iniciativas que promuevan un enfoque de colaboración entre pares y/o en la que los usuarios se involucren en el diseño del proceso productivo o bien se transformen los clientes en una comunidad.

El cuadro 3.1 recoge ejemplos de diferentes portales que encajan en los conceptos de estos tres tipos de economía colaborativa.

Cuadro 3.1. Tipos de economía colaborativa y portales representativos de la misma

Tipos	Portales
Economía de acceso	<ul><li>Airbnb (acceso a viviendas)</li><li>GetAround (acceso a vehículos)</li><li>StyleLend (acceso a piezas de ropa exclusivas)</li><li>GetMyBoat y ABoatTime (acceso a embarcaciones marítimas)</li><li>Parqex (acceso a plazas de garaje)</li><li>Freecaravan (accesos a caravanas).</li></ul>
Economía de los trabajos ocasionales	<ul><li>TaskRabbit, cronoshare y etece (sobre todo tareas manuales presenciales aunque también intelectuales)</li><li>Uber (servicios de transporte urbano en coche)</li><li>Handy (tareas manuales presenciales)</li><li>Fiverr, Freelancer y Upwork (tareas basadas en tecnología que se realizan de forma no presencial)</li><li>Trip4real (experiencias para turistas)</li><li>EatWith (eventos relacionados con la</li></ul>

	comida) • Nidmi (asistencia para familias) • HomeAdvisor (trabajos relacionados con reformas y construcción) • Etsy (productos artesanales) • Guru (trabajos de alta cualificación sobre proyectos de negocio, técnicos o creativos) • Instacart (realización y reparto de compras en supermercados).
Consumo colaborativo	• IntercambioDeCasas (intercambio de viviendas) • HazTruequing, TrocUp (intercambio de unos objetos por otros) • PeopleInTheNet (intercambio de cualquier cosa)

Fuente: elaboración propia

El denominador común a todas estas plataformas es que están creadas para que las personas pongan en el mercado bienes o habilidades disponibles a cambio de una contraprestación, económica o basada en el intercambio, que deben satisfacen los consumidores.

El Comité de las Regiones también menciona otro tipo de economía colaborativa: la denominada economía de puesta en común, *commoning economy*. Se trata de un término enfocado a iniciativas con propiedad o gestión colectiva basada en plataformas alojadas en internet. Es decir, los miembros dados de alta en las plataformas son propietarios de las mismas y/o deciden sobre distintos aspectos de su gestión. Este concepto se aproxima al de plataformas cooperativas (o de cooperativismo de plataforma).

Sundarajaran (2014) propone una clasificación parecida pero más desagregada:

- Alquiler de activos en propiedad. Encajaría con la economía de acceso antes mencionada (por ejemplo, `Airbnb`).
- Oferta de servicios profesionales. Encajaría con las plataformas especializadas de la *gig economy* (por ejemplo, `PeoplePerHour`).
- Oferta de trabajo autónomo general. Encajaría con las plataformas generalistas de la *gig economy* (por ejemplo, `TaskRabbit`).
- Venta de bienes entre particulares. Hace alusión a la venta de productos tangibles de un tipo específico entre particulares, como el caso de `Etsy`, o a la venta tradicional entre particulares pero mediadas por una plataforma como el caso de `ebay`.

Hay clasificaciones más detalladas basadas en el objeto de intercambio que facilitan las plataformas. Una de ellas es la del portal CollaborativeConsumption[9] que usa categorías como viajes, transporte, tareas, moda, o artículos de lujo, y subcategorías como, en el caso de viajes, alojamiento, experiencias, o guías.

En cualquier caso, como expone Sundarajaran (2014), hay tres elementos típicos en la economía colaborativa: la plataforma en internet, los consumidores y los proveedores de bienes o servicios.

---

[9] http://www.collaborativeconsumption.com/directory/

No obstante, hay que tener en cuenta que, aunque se asume que la economía colaborativa está basada en intercambios entre individuos particulares, esto no es necesariamente así, ya que existen casos en los que la relación se establece a otro nivel.

Un ejemplo de lo anterior es el acuerdo entre la cadena Hilton y Uber, mediante el cual los clientes de los hoteles pueden recibir unos servicios de transporte específicos por parte de los conductores de Uber[10]. También está el caso de Airbnb, que tiene un servicio dirigido a empresas, denominado AirbnbBusiness, para el alojamiento en los viajes de negocio de las empresas. Otro ejemplo sería el de empresas que buscan cubrir sus necesidades de trabajo mediante TaskRabbit[11].

Por tanto, aunque el origen de la economía colaborativa está en el intercambio entre personas, la realidad muestra casos en los que las plataformas, además, promueven intercambios a otro nivel: entre organizaciones o entre organizaciones e individuos.

---

[10] "Uber and Hilton Team Up For Seamless Travel", https://newsroom.uber.com/hilton/

[11] "The Next Generation of Temp Agencies", http://www.entrepreneur.com/article/228307

4 La economía colaborativa en los sectores económicos

Entre otras muchas clasificaciones que hay para categorizar los servicios de la economía colaborativa, una de ellas es la que se basa en el área económica en la que los distintos servicios participan. En este capítulo revisamos como están cambiando distintos sectores de la economía por la irrupción de la economía colaborativa.

Como la economía tradicional, la economía colaborativa puede incluir multitud de actividades diferentes. Ahora bien, las magnitudes que puede lograr en cada una de esas actividades no son idénticas, sino que dependerán de varios factores. De Haro y Cerijo (2016) citan los siguientes:

- *El precio del producto*. Un producto muy barato puede no despertar tanto interés en lo referente a su uso temporal en contraposición a su adquisición permanente.
- *La frecuencia de uso*. Si el proveedor usa poco el producto y, al mismo tiempo, es necesitado por los demandantes

con frecuencia se está en una posición de partida ventajosa.

- *Los costes de transacción* que implica el uso del bien o servicio desde la búsqueda del proveedor y bien adecuados hasta la burocracia que implica el intercambio.
- *El tamaño del mercado*, tanto en lo referido a la cantidad de proveedores como de consumidores.
- *Los riesgos asumidos en el intercambio.* ¿Cuál es la probabilidad de que no se cumpla el acuerdo? o ¿cuáles son los costes, tanto para los proveedores como para los clientes, si algo sale mal?

Por tanto, habrá sectores de actividad en los que la economía colaborativa tenga una mayor penetración o potencial y otros en los que su presencia sea más débil o, incluso, no se justifique.

La Comisión Europea, en su informe de 2016, destaca que la economía colaborativa se desarrolla principalmente en cuatro sectores de actividad económica: alojamiento, transporte, habilidades profesionales bajo demanda (para el hogar y las relacionadas con servicios profesionales), y la financiación colaborativa. En este texto, dado el nivel de detalle que ofrece, utilizaremos, entre otras fuentes, la versión 3.0 del panal (*honeycomb*) desarrollado por Jeremiah Owyang[12], panal del que ha publicado una versión cada año desde 2014. Es interesante analizar las distintas versiones del mismo para tener una visión global de lo rápidamente que se ha expandido la economía colaborativa hacia distintos sectores y áreas.

---

[12] "Honeycomb 3.0: The Collaborative Economy Market Expansion", http://www.web-strategist.com/blog/2016/03/10/honeycomb-3-0-the-collaborative-economy-market-expansion-sxsw/

El cuadro 4.1 recoge la clasificación de las distintas actividades que se realizan en la economía colaborativa y que serán descritas en las siguientes secciones.

Cuadro 4.1. Actividades desarrolladas en la economía colaborativa

- Turismo colaborativo: alojamiento turístico (casas y apartamentos y otros), experiencias turísticas y comer en casa de otros, planificación de viajes
- Transporte y movilidad: alquiler de medios de transporte, compartición de trayectos, aparcamiento, logística, distribución
- Sector financiero: préstamos y divisas, *crowdfunding*, monedas P2P, monedas sociales
- Moda, lujo, equipamiento infantil, juguetes, alimentación
- Educación
- Sector servicios: seguros colaborativos, tareas, entrega de productos bajo demanda
- Alquiler y compartición de bienes y servicios
- Espacio físico para tareas profesionales
- Ventas entre particulares e intercambios entre empresas
- Metasistemas de economía colaborativa: sistemas para crear plataformas, comparadores, sistemas de apoyo a la gestión, asociacionismo entre *freelancers*, consolidadores de reputación

Fuente: elaboración propia

4.1 El turismo colaborativo

Como ya se ha adelantado, comenzar a ofrecer servicios en la economía colaborativa es más sencillo que hacerlo en el entorno tradicional. Por ello, un sector tan intensivo en servicios como el turístico ha acogido diferentes manifestaciones de la economía colaborativa. Además, la facilidad para proponer servicios ha hecho también que el turismo colaborativo se caracterice por una oferta más diversificada que la que puede encontrarse en los proveedores tradicionales (Wang *et al.*, 2016).

El turismo es el ámbito en el cual más se ha desarrollado la economía colaborativa, especialmente si añadimos la parte del transporte que veremos en el siguiente apartado, ya que hay que tener en cuenta que parte del transporte realizado en la economía colaborativa será por razones turísticas. En este sentido, en junio de 2016, la Organización Mundial del Turismo (OMT) hizo un llamamiento a la industria turística para aceptar la economía colaborativa y los cambios que conlleva, al entender que es un cambio imparable.

Analizaremos de forma separada cada una de las áreas del turismo.

Alojamiento turístico en casas y apartamentos

Además de Airbnb, que será nombrado en distintas partes del presente libro, también podemos mencionar dentro de este ámbito a otros casos con modelos de negocio ligeramente distintos:

- HomeAway. Conceptualmente es muy similar a Airbnb (alquiler de viviendas entre particulares), si bien inicialmente no cobraba por reserva sino una cuota anual por suscripción al propietario. Esta cuota variaba en función de los servicios que el propietario deseara de la plataforma, pudiendo incluso ser gratuito para casos básicos. En la actualidad, también ha incorporado el modelo de cobro por reserva al estilo `Airbnb`.

- `HomeExchange`, `IntercambioDeCasas`, `GuesttoGuest`. Webs en las que los propietarios de casas intercambian las mismas. Por participar pagan una cuota fija anual que normalmente da derecho a usar la plataforma cuantas veces deseen.

- `Couchsurfing`. Se trata de una de las primeras webs del mundo en el ámbito de la economía colaborativa, en este caso dentro de lo que hemos definido como consumo colaborativo. La idea es que la gente aloje a otros en su casa de forma gratuita y sin esperar nada a cambio, al menos directamente. En el futuro, ese anfitrión se beneficiará, si así lo desea, de poder quedarse en casa de otros a su vez. `Couchsurfing` es realmente interesante porque no cobra nada a los participantes, ni a los anfitriones ni a los huéspedes. No obstante, y como explica Cañigueral (2014), en 2011 recibió una inversión de capital y se convirtió en una empresa con ánimo de lucro, aunque dentro de las denominadas B-Corporation[13], empresas que entran dentro del concepto de comercio justo. Aun así, este cambio generó bastante ruido y críticas en la comunidad de usuarios.

Bajo este nuevo modelo de empresa con ánimo de lucro, `Couchsurfing` sigue siendo gratuita para ambas partes, pero se desarrolla ahora con un modelo *freemium*, en el cual determinadas funcionalidades solo están disponibles para los usuarios que paguen por ellas. Por

---

[13] https://www.bcorporation.net/what-are-b-corps

ejemplo, aparecer antes en las búsquedas o poder verificar la dirección del lugar en que nos quedaremos.

- onefinestay. Un Airbnb en el que los propietarios de la web verifican las propiedades, permitiéndose la entrada solo a aquellas que tienen elevados estándares. Por ello, el número de opciones disponibles es mucho más reducido.

- NightSwapping. Trueque de noches. Una especie de combinación entre Airbnb y Couchsurfing. En este caso, los anfitriones alojan a los huéspedes y eso les hace ganar créditos que luego les permiten quedarse en casa de otros.

- BeMate. Plataforma creada por la cadena hotelera española Room Mate para el alquiler de vivienda vacacional cercana a los hoteles de la cadena, de forma que el hotel hace de punto de referencia y ofrece servicios relacionados con el alquiler: entrega de llaves, limpieza del alojamiento, resolución de incidencias, depósito de maletas, etc.

- Evergreen B&B Club. Estancias para mayores de 50 a precios muy económicos.

- Otros casos. Muchas otras páginas siguen modelos y formatos similares a los ya comentados. Entre otros, Wimdu y 9flats (fusionadas en octubre de 2016), FlipKey (perteneciente al grupo TripAdvisor, que a su vez ha ido integrando a holidaylettings, HouseTrip y Niumba), Love Home Swap, Homelidays y Rentalia.

Otros alojamientos

Además de los alojamientos en apartamentos y en casas, también empieza a haber toda una oferta de productos para alojarse en otro tipo de lugares.

- *Camping.* Hipcamp, Campinmygarden. En este caso la orientación es hacia el camping en vez de hacia los apartamentos. En el primer caso, es un directorio de campings que incluye campings públicos, campings privados y en las fincas de particulares. En el segundo caso (CampInMyGarden) la orientación es exclusivamente hacia el alojamiento en jardines de fincas de los particulares.
- *Caravanas.* Yescapa. Web para alquilar caravanas y furgonetas camper entre particulares.
- *Barcos.* Boaterfly, Click&Boat, Nautal. Webs para el alquiler de barcos de particulares, tanto como lugar para pernoctar como para salir a navegar.

Experiencias turísticas

En el campo de las experiencias turísticas también se han producido un fuerte desarrollo y expansión de la economía colaborativa. Básicamente, la idea es que cualquiera que tenga una actividad que ofrecer a un turista que llega a su ciudad pueda ponerla en el mercado. Los que proponen estas actividades pueden ser guías turísticos oficiales o no.

Casi todas las webs en este ámbito funcionan de una manera relativamente similar. Entre ellas, destacamos Trip4real (comprada en septiembre de 2016 por Airbnb), ToursByLocals, Vayable, Withlocals, TripUniq y yuniqtrip. Además de comprar Trip4real, la propia Airbnb ha lanzado en noviembre de 2016 sus servicios Trips y Experiences. Trips es el conjunto de los alojamientos que ya tiene disponibles, las experiencias a desarrollar en el destino y una guía de lugares escondidos a descubrir en dicho destino.

Comer en casa de alguien

Hemos decidido separar en un subapartado específico las webs en las que es posible encontrar cocineros (o cocinillas) que nos ofrezcan una experiencia gastronómica en su casa, aunque podrían haber estado integradas en el apartado anterior de experiencias turísticas. A fin de cuentas, ir a comer a casa de alguien podría entenderse como una experiencia turística y muchas de las webs citadas en dicha sección tienen la posibilidad de definir experiencias basadas en ir a comer a casa de particulares. Entre otras, tenemos `EatWith`, `Feastly`, `VizEat`, `BonAppetour` y `Meal Sharing`.

Planificador de viajes con la economía colaborativa

El buscador `Wonowo` permite planificar un viaje utilizando tan solo recursos de la economía colaborativa: transporte, alojamiento y actividades tales como las mencionadas en los apartados anteriores.

4.2 La economía colaborativa en el sector del transporte y la movilidad

Al igual que en el sector turístico, el sector del transporte ha sido uno de los más impactados por la economía colaborativa. En este ámbito, hay dos casos que destacan muy por encima de los demás, `Uber` y `BlaBlaCar`, si bien el planteamiento de ambos es muy distinto, al menos en teoría.

En Uber, las personas se ofrecen para transportar a otros en sus vehículos privados a cambio de una retribución. En cambio, BlaBlaCar está más dentro del concepto del consumo colaborativo, en el que una persona que va a realizar un trayecto por carretera ofrece a otros que lo deseen sumarse al mismo para compartir los gastos, se supone que sin obtener un beneficio económico. Es decir, el *carpooling* que ya existe desde los años 70, ahora apalancado en una plataforma tecnológica.

Así, en el ámbito del transporte y la movilidad podemos clasificar las plataformas existentes en los siguientes tipos principales:

- *Transporte entre particulares.* Como comentábamos anteriormente, hay varias plataformas que ponen en contacto a particulares que quieren actuar como chóferes para llevar a otras personas y a aquellos que están buscando un medio de transporte. Entre las más conocidas, Uber y su principal competidora, Lyft. En España también está disponible Cabify, en principio orientado más al transporte de ejecutivos.

  También hay otros sistemas similares para casos específicos. Por ejemplo. Wingz para transporte al aeropuerto o Shuddle, denominado el Uber para los niños, orientado al transporte de los niños a sus actividades (cerró en abril de 2016).

- *Sistemas que buscan poner en contacto a personas con un origen y un destino similar.* Aparte del mencionado caso de BlaBlaCar, también podemos citar RallyBus (poner en contacto a personas que van a un evento deportivo o concierto para alquilar un autobús compartido), y Chariot, específicamente orientado para aquellos que van a trabajar en las ciudades americanas desde las zonas residenciales.

- *Alquiler de vehículos entre particulares.* Complementando los modelos de rent-a-car clásicos (Avis, Hertz, etc.), los particulares alquilan sus coches cuando no los necesitan. Por ejemplo, EasyCarClub, Turo, Amovens (que también incluye la posibilidad de encontrar un viaje compartido al estilo BlaBlaCar), SocialCar, Drivy, SnappCar, RideLink o GetAround.

  Dentro de este grupo, también tenemos el modelo de FlightCar (cerrada en julio de 2016), orientado a que el propietario alquile su coche mientras está de viaje, pudiendo el que alquila el coche recogerlo en el parking del aeropuerto y devolverlo en el mismo punto.

  Por último, citamos Spinlister, para el alquiler de bicicletas entre particulares.

- *Coche compartido en las ciudades.* Empresas que disponen de flotas de vehículos en las grandes ciudades para que los usuarios los utilicen cuando los necesiten, cogiéndolos en un aparcamiento y dejándolos en otro. Por ejemplo, Zipcar, DriveNow (empresa creada por BMW y Sixt), Bluemove, Respiro o Car2Go.

  En base a las definiciones ofrecidas en capítulos anteriores, los ejemplos que citamos en este caso están en el límite de pertenecer a la economía colaborativa, ya que realmente se trata de empresas que alquilan vehículos. Tan solo aparecen como ejemplos por tratarse de casos de consumo colaborativo, en el que usamos un bien bajo demanda en vez de poseerlo y dejarlo sin uso gran parte del tiempo. La actividad de la empresa tiene justamente esa finalidad: no hace falta que los consumidores compren el producto, sino que pueden tener acceso al mismo cuando quieran y por el tiempo que realmente lo necesitan.

- *Alquiler de barcos entre particulares.* Como ya comentamos en la sección anterior, no solo se alquilan coches entre particulares, también barcos para navegar o como alojamiento en plataformas como `Boatsetter` o `Sailo`.
- *Alquiler de jets privados o de plazas en los mismos.* En webs como `JetSmarter` o `CoJetage`.
- *Bicicleta compartida en las ciudades.* Casi todas las ciudades cuentan ya con un programa de bicicletas públicas compartidas. Sistemas gestionados directamente (o, en su caso, subcontratado) por los ayuntamientos con el que se ponen bicicletas a disposición de los ciudadanos y turistas en distintos puntos de la ciudad, pudiendo ser utilizadas a demanda. En muchos casos, los primeros 30 minutos o la primera hora es gratuita por entender que se trata de sistemas beneficiosos para la ciudad. También está la opción de que en vez de bicicletas sean scooters eléctricos, como ocurre en el caso de `Gogoro`.

  En este caso se puede hacer una salvedad similar al caso de los coches compartidos, al respecto de que se trata de servicios que están en el límite de pertenecer a la economía colaborativa.
- *Alquiler de espacio entre particulares para aparcar.* `JustPark`, `Parquo`, `GarageScanner`, `ParkingHood` y `CARMAnation`.
- *Intercambio de plazas de aparcamiento en zonas públicas.* Directamente entre particulares (`Spotoops`) o gestionado por la aplicación (`Wazypark`).
- *Sistemas de logística y distribución y entrega de bienes.* `UberRUSH` (utiliza los conductores de `Uber` para la entrega de mercancías), `PiggyBee` y `Sheaply` (entregas internacionales por parte de viajeros), `Nimber` (aprovechar los viajes que alguien va a hacer en un coche

para que lleve objetos voluminosos) y Goi (aprovechar los viajes en coche para llevar todo tipo de mercancía).

- *Servicios en los que nos hacen la compra (o cualquier cosa que queramos) y nos la entregan en casa.* Instacart (EE.UU.) y Glovo (Europa).

En este ámbito se suele usar el término *movilidad compartida* para agrupar algunas de las iniciativas anteriores, principalmente aquellas cuyo objetivo no es el de obtener un beneficio económico sino el evitar la infrautilización de los medios de transporte. Es decir, específicamente los casos de coche y bicicleta compartida y de compartición de trayectos. En el caso de que el lector desee tener una visión más detallada sobre la movilidad compartida, recomendamos el informe *"Shared Mobility: Current Practices and Guiding Principles"* del Departamento de Transporte de EE.UU.[14]

4.3 La economía colaborativa en el sector financiero

Como ya hemos comentado anteriormente, la economía colaborativa está permitiendo que los particulares presten servicios de todo tipo por medio de las plataformas digitales. En los últimos tiempos han empezado a aparecer este tipo de plataformas en el sector financiero. Al igual que Airbnb complementa, y sustituye en ocasiones, a los sectores hotelero y extrahotelero, las plataformas financieras en algún caso complementan, y sustituyen, a los bancos, permitiendo, por ejemplo, los préstamos entre particulares.

---

[14] "Shared Mobility: Current Practices and Guiding Principles", http://www.ops.fhwa.dot.gov/publications/fhwahop16022/index.htm

Parece claro que los préstamos colaborativos no se generalizarán rápidamente en la sociedad. Creemos que será relativamente sencillo que confiemos en un tercero para llevarnos en un trayecto corto o para quedarnos en su casa, después de haber visto fotos y comentarios de otros usuarios; pero ¿para prestarle nuestro dinero y esperar que nos lo devuelva con intereses? ¿Sin garantías bancarias? Es posible que esto no sea para todo el mundo, sin duda alguna.

En este ámbito, también hay modelos colaborativos en la financiación de proyectos (mediante el *crowdfunding*) y en el desarrollo de monedas P2P. De los tres tópicos hablaremos en los próximos apartados.

Préstamos y divisas

En el ámbito de prestar servicios similares a los de los bancos o del sector financiero en líneas generales, dentro de la economía colaborativa encontramos dos casos principales:

- Préstamos para particulares y préstamos para empresas. Son sistemas que permiten que los particulares se presten dinero entre ellos (por ejemplo, `Zopa`, `Comunitae` o `CrossLend`), que los inversores presten dinero a las empresas (`FundingCircle`) o que los particulares presten dinero a empresas (`Grow.ly`).
- Intercambio de divisas, tanto a nivel particular como corporativo. Bien sea porque hemos viajado a un país extranjero y a la vuelta nos han sobrado divisas (`WeSwap`, `SreetBarter`) o porque dos empresas que comercian con un tercer país desean intercambiar entre ellas

directamente las divisas ahorrando las comisiones bancarias (Kantox).

Crowdfunding

La traducción de *crowdfunding* sería la financiación colectiva o financiación por parte de la multitud. La idea es que con pequeñas aportaciones de muchos podamos recaudar lo suficiente para poder desarrollar un proyecto que deseemos llevar a cabo.

Es necesario aclarar que dentro de lo que habitualmente se denomina *crowdfunding*, realmente hay dos tipos de sistemas:

- Preventa. La mayoría de las webs denominadas de *crowdfunding* (por ejemplo, Kickstarter) son, en realidad, mecanismos de preventa y de financiación colectiva mediante donaciones de proyectos más que de empresas. Anunciamos un producto que estará disponible en el futuro y al que le gusta y quiere ser de los primeros en tenerlo, lo compra. También hay quienes donan a fondo perdido simplemente por saber que el producto se va a fabricar.
- *Equity crowdfunding*. Aquel que lo desee puede invertir en nuestra empresa y a cambio recibe un pequeño porcentaje de la misma, es decir, se convierte en inversor de la empresa. Entre otros, The Crowd Angel, crowdfunder, lanzame y Wefunder.

Dentro de este bloque también citamos el caso de Housers, destinada al *crowdfunding* inmobiliario, al permitir que cualquiera pueda invertir pequeñas cantidades en el mercado inmobiliario.

Monedas P2P[15]

Una moneda P2P como tal es una moneda digital que está respaldada por los propios usuarios de forma distribuida, sin la intervención de ninguna entidad financiera al uso. De todas las existentes, la más conocida es el bitcóin, si bien también hay muchas otras iniciativas similares. La idea es que el dinero se intercambia directamente también entre aquellos que compran o venden productos, sin necesidad de intervención de autoridades adicionales.

No está totalmente claro si será el bitcóin la moneda del futuro o no. Lo que sí parece claro es que la moneda tradicional está poco adaptada al entorno digital y no lo aprovecha. Por lo tanto, parece que hay espacio para la creación de una moneda basada en protocolos digitales, proceso en el que el modelo colaborativo o cooperativo pueda tener un papel importante.

En cualquier caso, se sale del objetivo del presente libro explicar el concepto del bitcóin y su funcionamiento. Para el lector interesado en saber más sobre este tema, le remitimos, entre otras, a la correspondiente página de la Wikipedia[16].

También hay diversos artículos[17] [18] [19] que mencionan otras monedas alternativas a bitcóin, con principios parecidos pero

---

[15] De nuevo se trata de un caso que se encuentra en el límite de pertenecer a la economía colaborativa. Hemos considerado oportuno nombrarlo por el hecho de ser monedas respaldadas por los usuarios y no por las instituciones financieras.

[16] https://es.wikipedia.org/wiki/Bitcoin

[17] "5 criptomonedas alternativas al Bitcoin", http://www.redeszone.net/2015/03/08/5-criptomonedas-alternativas-al-bitcoin/

[18] "La Pesetacoin y otras nueve alternativas a Bitcoin", http://tlife.guru/profesional/la-pesetacoin-y-otras-nueve-alternativas-a-la-moneda-virtual-bitcoin/

con algunas diferencias que tratan de corregir algunos de los defectos encontrados en bitcóin: *dogecoin*, *litecoin*, pesetacóin o monero, entre otras muchas.

Por último, mencionar que una de las cuestiones más importantes alrededor de bitcóin parece ser no el propio bitcóin, sino un estándar tecnológico que se creó como parte del sistema orientado a garantizar que todas las transacciones que se llevaran a cabo quedaran registradas de forma síncrona en miles de ordenadores, sin posibilidad de borrado ni de manipulación no autorizada: el *blockchain*[20] (cadena de bloques). Como Tapscott y Tapscott (2016) explican en su libro *"Blockchain Revolution: How the Technology Behind Bitcoin Is Changing Money, Business, and the World"*, se trata de una tecnología que combina permitir que las transacciones sean anónimas y seguras con que al mismo tiempo haya una garantía de que dichas transacciones se llevaron a cabo. Adicionalmente, se trata de una tecnología disponible públicamente para cualquiera que desee usarla.

Se están proponiendo distintas aplicaciones a esta tecnología de base de datos distribuida y casi indestructible: publicación de información que se quiere hacer pública y que se desea que esté siempre accesible (por ejemplo, las cuentas de un país, documentos que prueben comportamientos incorrectos de figuras públicas), un sistema bancario alternativo al SWIFT (con la propia VISA liderando el proceso[21]), e incluso un registro de eventos digitales pasados y presentes[22]. Los propios bancos están

---

[19] "Qué es y cómo funciona Monero, la alternativa a Bitcoin", http://www.ticbeat.com/cyborgcultura/que-es-como-funciona-monero-alternativa-bitcoin/

[20] https://en.wikipedia.org/wiki/Blockchain_(database)

[21] "La banca ya apuesta en firme por el blockchain", http://www.ticbeat.com/innovacion/banca-acelera-uso-blockchain/

[22] "¿Qué es la Cadena de Bloques (Blockchain)?", http://blog.bit2me.com/es/que-es-cadena-de-bloques-blockchain/

siguiendo de cerca el *blockchain*, ya que consideran que es un sistema seguro, fiable, escalable y rápido[23]. No obstante, también hay distintas iniciativas en marcha orientadas a facilitar el uso del *blockchain* a nivel corporativo, ya que se entiende que en su formato actual podría no estar totalmente optimizado para su uso en bancos, por ejemplo.

Otro ámbito de desarrollo del *blockchain* se encuentra en las plataformas descentralizadas para la propia economía colaborativa[24]. Como alternativa a las iniciativas de economía colaborativa en las que hay una plataforma central que controla y gestiona los procesos, se trata de desarrollar plataformas cooperativas. Es decir, plataformas descentralizadas, gestionadas en cierto modo como los proyectos de software libre. Hay unos desarrolladores, unos gestores y unos prestadores de servicios y los beneficios que se obtienen se distribuyen equitativamente entre todos.

Este modelo encaja con el que Scholz (2016) denomina cooperativismo de plataforma, un modelo similar al de las cooperativas, pero potenciado y apalancado en la tecnología. Scholz propone una serie de principios para el desarrollo de este cooperativismo de plataforma, entre los que mencionamos: propiedad distribuida de la plataforma, mejora de las condiciones laborales de los trabajadores, transparencia en la gestión y en los datos, apreciación y reconocimiento de los trabajadores, toma de decisiones colectiva, marco legal protector y transferibilidad de datos entre plataformas.

---

[23] "Blockchain y su impacto en la banca mundial", http://www.ticbeat.com/innovacion/blockchain-y-su-impacto-en-la-banca-mundial/

[24] "Uber without Uber: Platform cooperativism as the new sharing economy", http://www.gdi.ch/en/Think-Tank/GDI-Trend-News/News-Detail/Uber-without-Uber-Platform-cooperativism-as-the-new-sharing-economy

Algunos ejemplos que se citan de este nuevo modelo de plataformas cooperativas son `LaZooz` (el equivalente a `BlaBlaCar`), `Fairmondo` (un `ebay` en la que los vendedores también son los propietarios y en donde se promueve el comercio justo) o `Ujo` (para artistas musicales).

Monedas sociales

En los últimos tiempos, distintas zonas geográficas han comenzado a emitir monedas locales, sociales o colaborativas. Son monedas que se encuentran al margen de las monedas de curso legal y sirven para la compra de bienes y servicios en determinadas zonas y bajo ciertas condiciones. Su objetivo es generar un beneficio social en la zona en la que se crean las mismas. Por ejemplo, garantizando que aquellos que las cobren las sigan usando para comprar productos y servicios dentro de un barrio, incrementando así las relaciones comerciales dentro del mismo.

Como ejemplo de estas monedas tenemos los Bristol Pounds (Bristol, Reino Unido), SoNantes (Nantes, Francia), Puma (Sevilla), EcoXarxas (Cataluña), Henar (Alcalá de Henares) y el Babel (Santa Cruz de Tenerife). En España se contabilizan más de cien iniciativas de este tipo. Algunas de estas monedas tienen un equivalente físico (una moneda como tal) mientras que otras solo tienen el formato virtual. En la mayoría de los casos existe algún tipo de equivalencia entre las monedas colaborativas y el euro. Por ejemplo, el Babel antes citado equivale exactamente a un euro.

4.4 La economía colaborativa en el sector de la moda y el lujo

La moda y el lujo presentan un campo de oportunidades para la economía colaborativa, especialmente dentro del ámbito del consumo colaborativo. A fin de cuentas, parece normal que queramos utilizar de vez en cuando un vestido o un complemento de una marca determinada pero que quizás no nos podamos permitir comprar, o no deseemos comprar, porque lo vamos a usar con poca frecuencia. Por ejemplo, un frac en el caso de un hombre, un bolso de marca en el caso de una mujer.

Para intermediar en este ámbito han aparecido distintas plataformas. Por un lado, unas que ponen en contacto directamente a los usuarios. Por otro, plataformas que alquilan estos bienes a aquellos que desean utilizarlos puntualmente. Ambos tipos se encuentran en el límite de la economía colaborativa, en un caso por no ser otra cosa que un punto de compra y venta y en otro por tratarse realmente de empresas que alquilan un determinado bien, como lo han hecho, por ejemplo, las agencias de alquiler de coches. No obstante, ambos casos tienen parte de pertenencia al consumo colaborativo por el hecho de permitir reutilizar bienes o bien la sustitución de la posesión de bienes por el alquiler de los mismos cuando los necesitamos.

Del primer tipo, empresas que ponen en contacto a particulares, existen ejemplos como ReFashioner y Chicfy (moda) o Exclusive Exchanges (casas de lujo). Chicfy, por ejemplo, es un mercadillo de ropa enfocado al público femenino, en el que cualquiera puede poner a vender artículos nuevos y seminuevos.

Del segundo tipo tenemos, por ejemplo, L'Habibliothèque (asociada con Galerias Lafayette) y Rent the Runaway. En ambos casos, el usuario paga una cuota fija mensual por un número de vestidos de marcas de lujo que puede cambiar cada cierto tiempo.

4.5 La economía colaborativa y el equipamiento infantil y juguetes

De forma parecida a lo que ocurre con el sector de la moda y el lujo, hay distintas plataformas que permiten aprovechar la ropa infantil y los juguetes de los niños, ya que es algo que muchas familias usan durante un tiempo y luego no necesitan más.

En este ámbito hay varios posibles enfoques. Por un lado, están las plataformas que permiten que unas familias donen a otras su ropa infantil y juguetes que no necesitan (por ejemplo, y entre otras, Segundamanita), sin pedir nada a cambio.

Por otro lado, están los sistemas que crean un mercado (*marketplace*) en el que se venden este tipo de productos, si bien se trata de un caso que se encuentra en el límite de la economía colaborativa, y quizás se trate simplemente de un mercado digital normal y corriente de productos de segunda mano, como puede ser ebay. Por ejemplo, Percentil o Tiruleta.

Por último, hay casos de empresas que alquilan juguetes de forma temporal, juguetes que se pueden cambiar por otros cuando el niño crece. Un ejemplo de este último tipo son Pley y ToysTrunk. Al ser empresas que operan en internet, no constituirían estrictamente parte del fenómeno de la economía colaborativa, pero los hemos incluido, al igual que los casos de las secciones anteriores, por tratarse de sistemas que buscan reducir el consumo de bienes a los que se dará poco uso.

4.6 La economía colaborativa y la educación

A nuestro modo de ver, la economía colaborativa ha tardado en llegar al ámbito de la educación algo más de lo que hubiera sido esperable. Aun hoy en día, los servicios existentes dentro de este ámbito son escasos y puntuales. A continuación citamos algunos como ejemplos del tipo de movimientos que están ocurriendo.

En primer lugar, tenemos el caso de Chegg, plataforma que permite, entre otras cosas, el alquiler de libros de texto para el ámbito universitario especialmente. En la misma plataforma también se permite que los estudiantes entren en contacto para buscar soluciones a los problemas que aparecen en los libros o para preguntar dudas a otros estudiantes. Un modelo muy similar a este es el de Zookal en Australia.

Como es lógico, no podían faltar las iniciativas que tratan de conectar a cualquiera que quiera enseñar sobre cualquier tema con cualquiera que quiera aprender. Dentro de este modelo encontramos:

- P2PU, una universidad entre pares o p2p.
- SkillShare, específicamente orientado al aprendizaje de habilidades creativas.
- Preply, *marketplace* educativo para poner en contacto a profesores particulares y estudiantes.
- Sharing Academy, en la cual los universitarios pueden encontrar como profesores a otros estudiantes de su propia universidad.
- Wuolah, en donde los estudiantes comparten apuntes, obteniendo una retribución por ello, gracias a que la plataforma sitúa publicidad en dichos apuntes y parte de la recaudación va al estudiante que los generó.

- `Tutellus`, para ofrecer y contratar videoformación práctica de todo tipo.

También están los casos de plataformas en las que los profesores o bien las universidades ofrecen sus enseñanzas. Como ya se ha advertido, quizás no sea del todo correcto clasificar esto como economía colaborativa, pero en cualquier caso parecía apropiado citarlo en esta sección. Hay diferentes iniciativas en este ámbito, de entre las cuales citamos `Coursera`, `edX`, `Khan Academy`, `Udacity` y `Udemy`.

Por último, y aunque no exactamente relacionado con la educación, sino más bien con el ámbito de la investigación, mencionamos `Sci-Hub`, un sitio web pirata de artículos científicos, en donde los investigadores con acceso a estos artículos desde sus universidades los vuelcan en la plataforma para que cualquiera pueda acceder a ellos.

Al respecto de denominar esta web como pirata, debemos aclarar que es la propia web la que se autodenomina pirata. Además, aunque distintos países ya han resuelto que la web se encuentra al margen de la ley, hemos considerado oportuno citarla en este libro por el concepto que abandera, de compartición de conocimiento entre pares. Ello no implica que estemos ni de acuerdo ni en desacuerdo con su funcionamiento.

4.7 La economía colaborativa en el sector servicios

Seguros colaborativos

La idea es que, en vez de hacer un seguro individual, un grupo de personas se hace un seguro compartido, por ejemplo, para la conducción de sus automóviles. Si todo el grupo presenta un nivel bajo de siniestralidad, cada miembro recibirá un descuento al finalizar el año. Es el modelo de Friendsurance y de Guevara. Un análisis más detallado del concepto de seguros colaborativos está disponible en un informe elaborado por Blanca Pérez Soberón[25].

Tareas

- Domésticas. TaskRabbit, Zaarly, JobMapp, etece (España), AirTasker (Australia) y AskForTask (Canadá). En algunos casos, las plataformas están orientadas a tareas muy específicas: GetYourHero (limpieza) o joyners (cuidado de personas mayores).
- Creativas, como diseño gráfico, marketing digital, vídeo, etc. Fiverr, Freelancer y HopWork (Francia).
- Orientadas a empresas. crowdSPRING, Upwork y PeoplePerHour (principalmente tareas basadas en el uso de las tecnologías de la información y tareas creativas que también requieren de la informática), UpCounsel (abogados).

Entrega de productos bajo demanda

Se trata de una de las áreas de referencia en la economía colaborativa y que ha dado lugar al término ya mencionado de *on-demand economy* o economía bajo demanda. Entre otros muchos, tenemos los ejemplos de Postmates, para pedir que

---

[25] "Las *insurtechs* dedicadas a los seguros colaborativos permiten al consumidor obtener descuentos en su póliza", http://blog.uclm.es/cesco/files/2016/10/Las-insurtechs-dedicadas-a-los-seguros-colaborativos.pdf

alguien nos traiga cualquier cosa de nuestra ciudad o ShadowFax, similar al anterior, pero específica para la India.

Otros servicios

Son muchos otros los servicios en los que se está introduciendo la economía colaborativa. En esta sección mencionamos algunos casos.

- *Tratamientos de belleza, estética y peluquería.* Multitud de webs permiten contactar con personas que se desplazan a nuestro domicilio para realizar estas tareas. Entre otros muchos, MyGlamm o SwipeCast.
- *Entrenadores deportivos.* CoachUp.
- *Profesores y coaches variados.* PopExpert.
- *Chefs en casa.* Takeachef y Bendita Cocina.
- *Compra venta de energía entre particulares.* Un particular puede comprarle a un granjero la energía que ha generado con molinos o paneles solares y que no va a utilizar. Por ejemplo, Vandebron.

4.8 La economía colaborativa en el sector de la alimentación

Siendo la nutrición y la mala alimentación que afecta a las sociedades occidentales una de las grandes preocupaciones del siglo XXI, era de esperar que se generaran innovaciones en el ámbito de la alimentación alrededor de la economía colaborativa.

Algunas de las mismas ya han sido tratadas en la sección anteriormente dedicada al turismo colaborativo, al haber incluido en dicho ámbito la opción de comer en casa de alguien, al entender que esta modalidad es más un servicio turístico que uno asociado a la alimentación y la nutrición como tal.

Propiamente dedicados a la alimentación y a la nutrición tenemos los siguientes ejemplos:

- *Compartir comida.* LeftoverSwap, en el que la gente comparte la comida que le sobra con sus vecinos, un concepto cercano a la economía de la compartición. También con un planteamiento similar, ShareYourMeal, pensado para compartir lo que ya vamos a cocinar de todas formas con nuestros vecinos (un modelo que podríamos asimilar al de BlaBlaCar).
- *Entrega de comida a domicilio.* Son varios los ejemplos de plataformas en las que chefs particulares crean platos que la plataforma se encarga de hacer llegar a los usuarios que los adquieren (Bento y HelloFresh).

    En algunos casos, los chefs realmente trabajan directamente para la plataforma, alejándose el concepto un tanto de lo que sería la economía colaborativa propiamente dicha. Por ejemplo, Munchery indica específicamente que dispone de *"in-house chefs"*, es decir, de cocineros propios. Por ello, más que economía colaborativa se trataría de un servicio de venta de comida llevada a domicilio.

- *Conexión entre chefs y clientes.* Por ejemplo, Chefly, para buscar chefs cercanos que cocinen comida casera.
- *Conexión entre amantes de la comida y la nutrición* para el desarrollo de todo tipo de proyectos (Barnraiser).

- *Compra de productos a productores locales.* Entre otras, The Food Asembly (con las denominadas *colmenas locales* en su acepción en español).
- *Entrega de productos de alimentación y bebida.* Saucey (productos alcohólicos), GrubMarket (productos ecológicos), UberEATS (comida de restaurantes utilizando Uber).

4.9 La economía colaborativa en el alquiler y compartición de bienes y servicios

No hay que olvidar que uno de los orígenes de lo que hoy denominamos economía colaborativa se encuentra en la compartición de bienes, directamente entre sus propietarios, o en modalidad de alquiler temporal de los mismos, como forma de sustituir a la propiedad.

Aunque algunos de los ejemplos que mencionamos a continuación ya han sido comentados anteriormente, creemos que puede resultar interesante tenerlos todos aquí agrupados.

- *Alquiler de bolsos de fiesta y otros artículos similares.* Bag Borrow or Steal, Rent the Runway, Rocksbox (joyería).
- *Juguetes.* Pley.
- *Compartición entre vecinos.* PeerBy (certificada como B-corporation, ver apartado 4.1), Open Shed, FreeCycle (regalar y recibir cosas con el objetivo de reutilizar).
- *Compartición de espacio de almacenamiento.* Stashbee, Roost.
- *Compartir nuestros DIY (do-it-yourself,* hazlo-tú-mismo) de cualquier cosa. Instructables, donde se puede explicar cómo hacer una mesa a partir de madera reciclada, cómo usar una placa Arduino para cualquier tarea de la casa,

cómo usar las impresoras 3D para las cuestiones más imaginativas, etc.

En esta misma línea existe el movimiento de construcción por particulares (*makers*). Basado en las impresoras 3D de coste cada vez más asequible, existen multitud de plataformas y comunidades desarrolladas alrededor de este concepto. Make:, para compartir proyectos y aconsejar a todos los que se inician en este mundo. The Grommet, en la que los *markers* venden sus productos. Shapeways, para imprimir nuestras creaciones en 3D y recibirlas en casa.

- *Alquiler de maquinaria pesada*[26]. MachineryLink y YardClub para el alquiler entre particulares o MuniRent, para que las administraciones públicas compartan dicho equipamiento.

También hay distintos ejemplos de servicios prestados por vecinos:

- *Cuidadores de mascotas.* DogVacay, una web para encontrar un cuidador que se quede con nuestra mascota mientras estamos de viaje. Lo mismo hace el portal DogBuddy en Europa. Ambos portales ofrecen, además, el servicio de pasear perros.
- *Recogedores de cacas de mascotas.* Pooper es una aplicación para dispositivos móviles en la que señalamos el lugar en el que nuestra mascota ha dejado un recuerdo. Un *pooper* cercano se encargará de pasar a recogerla. El pago es

---

[26] "Alquilando tractores al estilo Uber", http://wwwhatsnew.com/2016/05/06/alquilando-tractores-al-estilo-uber/

mensual con una cuota que varía entre los 15 y los 35 dólares.

4.10 Espacio físico para tareas profesionales

Dentro de la compartición y la colaboración, y ante el auge de los autónomos y trabajadores en la economía colaborativa, cada vez son más frecuentes los espacios de trabajo compartido, *coworkings*, oficinas de alquiler por horas, etc.

Entre otros casos tenemos los siguientes:

- *Alquiler de oficinas*, para periodos muy cortos o días completos. Spacebee y ShareDesk.
- *Búsqueda y alquiler de espacios de coworking.* WeWork, PlacesToWork.
- *Compartición de espacios en tiendas.* Storefront y PopPlaces, para la creación de *pop up stores* temporales.
- *Alquiler de espacios para tareas creativas.* PeerSpace.
- *Compartición de espacio y maquinaria creativa.* Muy relacionado con lo mencionado en el apartado anterior del movimiento de *markers* o constructores particulares. Por ejemplo, Orotava.Hackerspace.
- *Espacios de coworking en apartamentos*, con zonas de relax, reuniones, etc. Breather.

4.11 Ventas entre particulares

También es uno de los ámbitos en los que comenzó la economía colaborativa, aunque en este caso la pertenencia de este tipo de plataformas a dicho modelo se encuentra justo en el límite. A fin de cuentas, no es más que una venta entre particulares potenciada por internet. Aun así, hacemos referencia a webs como `ebay` o `wallapop`. También hay modelos orientados específicamente a productos muy concretos, como `Poshmark` para productos de lujo o algunas de las ya comentadas anteriormente en las secciones correspondientes (ropa infantil, juguetes) y productos artesanos como en `Etsy` y `Amazon Handmade`.

Por último, la reventa de entradas entre particulares. Entre otras plataformas, esta opción está disponible en `viagogo` y en `ticketbis` (adquirida por `ebay`).

4.12 Las empresas como clientes en la economía colaborativa

Tradicionalmente asociamos el concepto de la economía colaborativa a servicios prestados por particulares, normalmente, para particulares. Pero, en principio, no hay razón alguna para que estos servicios no los utilicen las empresas en vez de los particulares. Por ejemplo, que una empresa envíe a sus trabajadores a quedarse en un `Airbnb` alquilado por un particular o que utilice `TaskRabbit` para buscar a un profesional que necesita para una tarea específica.

Más allá del uso por parte de las empresas de las plataformas orientadas, en principio, a los consumidores particulares, también empieza a haber una corriente en la economía colaborativa de plataformas específicamente destinadas a las empresas en el rol de cliente. Entre otras tipologías, citamos los siguientes ejemplos:

- Cargomatic. Aplicación que trata de aprovechar los camiones de reparto de palets que van a hacer determinadas rutas para optimizar los trayectos, facilitando así a las empresas un medio alternativo de transporte a un coste más económico.
- Wonolo. Desarrollo de tareas por particulares para empresas. El funcionamiento es muy similar al de TaskRabbit, tan solo que la plataforma está optimizada para su uso por parte de las empresas.
- Local Motion. Compartición de vehículos a nivel corporativo. Plataforma que exporta el concepto de Zipcar y otros sistemas similares de vehículo compartido al entorno corporativo.

4.13 Metasistemas de economía colaborativa

Por metasistemas entendemos aquellos modelos de negocio que no son propiamente economía colaborativa, sino que están construidos sobre otras webs o plataformas de esta economía digital o bien que proporcionan servicios a aquellos que operan en la economía colaborativa.

Sistemas para crear plataformas

Dicen que, en la fiebre del oro, los que realmente se hicieron ricos fueron aquellos que vendían picos y palas. En la era de la economía colaborativa hay numerosos ejemplos de sistemas que permiten que aquellos que se quieran introducir en la economía colaborativa puedan montar rápidamente una web para vender sus productos, ofrecer sus servicios o crear una plataforma de intermediación. Entre otros, citamos Sharetribe, MarketPlacer y Near Me.

Comparadores de economía colaborativa

Hay distintos sistemas que nos permiten comparar entre las opciones existentes en la economía o agrupar la oferta existente en la economía colaborativa. Por ejemplo, What's The Fare compara Uber, Lyft y otros servicios de transporte para decirnos cuál es la oferta más barata. Hundredrooms compara los alojamientos disponibles en distintas plataformas de alojamiento compartido.

Sistemas de ayuda a la gestión en la economía colaborativa

Se trata de sistemas que ayudan a los que proporcionan servicios en la economía colaborativa en algunas de sus tareas.

Por ejemplo, asistentes a los anfitriones de Airbnb a la hora de fijar los precios: Beyond Pricing, Smart Host y Everbooked. También hay otros casos que se encargan totalmente de la gestión de la propiedad (recepción y entrega de llaves, atención 24x7, limpieza, etc.): HostTonight, Guesty, Guesthop, Hostmaker y Flatguest. Una cuestión a tener en cuenta es la posibilidad de que cuando un propietario externaliza estas tareas (la recepción del huésped, la atención al cliente) se pueda perder parte de la esencia de la propia economía colaborativa, de empoderamiento del individuo y de conexión con personas.

Específicamente en el ámbito del alquiler vacacional, en los últimos años han aparecido muchos otros servicios aparte de los arriba mencionados. Una relación completa de los mismos está disponible en el informe *"Who's Who of the Vacation Rental World"* elaborado por VRTech[27]. Entre otros muchos productos y

---

[27]   "Who's   Who   of   the   Vacation   Rental   World",

servicios, se mencionan sistemas para monitorizar si los huéspedes hacen excesivo ruido, para digitalizar el plano de la vivienda, para la apertura remota de puertas, seguros o libros de visitas.

Otros servicios están destinados a incrementar los ingresos de los conductores de `Uber`. `Vugo` se encarga de mostrar publicidad en los coches que prestan servicios en dicha plataforma, generando así un ingreso adicional para el conductor.

Por último, seguros específicamente diseñados para el alquiler de bienes en la economía colaborativa, sean casas, coches y otro tipo de bienes. Por ejemplo, `Metromile` cuenta con un seguro específico para conductores de `Uber`[28].

Asociacionismo entre *freelancers* o trabajadores de la economía colaborativa

Asociaciones de *freelancers* o trabajadores independientes cuyo objetivo es conseguir seguros específicos para el sector, descuentos en determinados servicios, etc. Por ejemplo, `Freelancers Union` y `SherpaShare`.

Consolidadores de reputación

Dado que actuamos como consumidores y como proveedores en distintas plataformas simultáneamente, existen ya sistemas que nos permiten consolidar nuestra reputación obtenida en distintas plataformas. Por ejemplo, `Traity`.

---

https://rentalsunited.typeform.com/to/ ZswKXd

[28] Ver https://www.metromile.com/uber/

5 Cifras de la economía colaborativa

Aunque es algo que evoluciona a diario, dado su fuerte crecimiento, presentamos en este capítulo algunas de las cifras que hemos podido recopilar en referencia a la economía colaborativa. En cada una de las cifras que mencionamos citamos la fuente de la que la hemos obtenido, si bien hay que tener en cuenta que, en general, se trata de cifras e importes aproximados y basados en estimaciones. En cualquier caso, entendemos que puedan ser válidas para tener una aproximación global en lo referido al tamaño del sector.

5.1 Cifras relativas a las plataformas

En el caso de Airbnb, se habla de 2 millones de habitaciones en 190 países[29] (febrero de 2016); 425.000 huéspedes cada noche, para un total anual de más de 155 millones de huéspedes anuales,

---

[29] "The State of Airbnb Hosting Report", https://www.everbooked.com/blog/the-state-of-airbnb-hosting-report/

cifras que ya superan a las de Hilton (Vogel, 2016). De forma general, la estimación es que el alojamiento mediante la economía colaborativa tan solo representa actualmente el 2% del total de ingresos por alojamiento en Estados Unidos, siendo la previsión es que pueda llegar al 10% en 2025[30].

Por su parte, en el caso de `TaskRabbit`, algunas fuentes indican que, solo en 2015, la plataforma recibió más de 15.000 solicitudes para ser un *tasker* (denominación que reciben los trabajadores de la plataforma)[31]. Esta cifra parece que coincide con otra que indica que en la plataforma hay aproximadamente 30.000 trabajadores ofreciendo sus servicios[32]. En este sentido, nuestros análisis revelan que, aunque las anteriores cifras puedan ser ciertas, al intentar seleccionar *taskers* que hayan realizado más de 25 tareas (cifra que entendemos lógica para considerar que la persona no solo está en la plataforma, sino que recibe encargos en la misma y que busca en la economía colaborativa un medio regular de trabajo), el total de casos encontrados en la plataforma que cumplan esta característica es inferior a 500. Es decir, la oferta supera muy ampliamente a la demanda, encontrando en este caso una relación entre trabajadores activos y regulares y trabajadores en total que puede ser de 1:60, aproximadamente.

Las cifras de `Uber` son también realmente elevadas, igual que las de `Airbnb`. 1,5 millones de conductores en todo el mundo[33],

---

[30] "Sharing Economy. An In-Depth Look At Its Evolution & Trajectory Across Industries", http://collaborativeeconomy.com/wp/wp-content/uploads/2015/04/Sharing-Economy-An-In-Depth-Look-At-Its-Evolution-and-Trajectory-Across-Industries-.pdf

[31] "TaskRabbit: How an app can relieve you of all your chores", http://www.telegraph.co.uk/technology/technology-companies/12026750/TaskRabbit-How-an-app-can-relieve-you-of-all-your-chores.html

[32] "This is What it Takes to Make $2,000 a Week Working on TaskRabbit", http://time.com/money/3714829/working-for-taskrabbit/

[33] https://twitter.com/markmacgann/status/687587461711659009

más de 160 mil conductores en EE.UU.[34], presencia global en más de 500 ciudades[35] y una valoración estimada en 70 mil millones de dólares.

5.2 Cifras relativas al número de usuarios

En cuanto a cifras de número de usuarios, PwC presentó un informe[36] en 2015 en el que da algunas cifras relativas a EE.UU. Entre ellas destaca, en primer lugar, el bajo número de ciudadanos que han usado algunas de estas plataformas. Dependiendo del sector, entre el 2 y el 9% del total de la población adulta únicamente. Curiosamente, en este mismo informe se cita que hasta el 7% de la población estadounidense es proveedor en esta economía, lo cual parece una cifra elevada.

En otro informe, MBO Partners[37] hace referencia a trabajadores que desarrollan más de 15 horas a la semana de forma independiente. En un suplemento a este informe denominado *"Independent Workers and the On-Demand Economy"* mencionan que un total de 2,7 millones de estadounidenses (que representan el 9% del total de trabajadores independientes en los EE.UU.) ofrecen servicios a través de las plataformas de la economía colaborativa.

---

[34] "Uber Touts Its Employment Opportunities", http://www.wsj.com/articles/uber-touts-its-employment-opportunities-1422229862

[35] https://www.uber.com/cities/

[36] "The Sharing Economy", https://www.pwc.com/us/en/technology/publications/assets/pwc-consumer-intelligence-series-the-sharing-economy.pdf

[37] "MBO Partners State of Independence In America 2016", https://www.mbopartners.com/state-of-independence

Por su parte Deloitte dispone de un informe sobre la economía colaborativa específico para el mercado suizo denominado *"The sharing economy: share and make money. How does Switzerland compare"*[38]. Entre otras, mencionan la cifra de que un 55% de los ciudadanos suizos tiene pensado usar algún servicio de la economía colaborativa en los siguientes 12 meses; y que la población francoparlante está mucho más dispuesta que la población germanoparlante.

Más recientes son los trabajos de Vaughan y Daverio (2016), pertenecientes a PwC UK, y de TNS Political & Social (2016) desarrollados por encargo de la Comisión Europea. En el primer informe citan que un tercio de los europeos han oído hablar de la economía colaborativa, pero solo un 5% ha usado alguno de sus servicios en el último año. En el segundo trabajo dan las cifras de un 52% de europeos conocedores de la economía colaborativa, de un 17% de usuarios en al menos una ocasión, de un 10% de usuarios en al menos una ocasión cada pocos meses, y de un 4% de usuarios mensuales. En este informe se resalta como los consumidores en la economía colaborativa tienden a actuar también como proveedores, hecho que ocurre en al menos una ocasión en el 32% de los encuestados.

A nivel español, el Estudio Anual de eCommerce 2016[39] de IAB Spain cita que un 92% de los usuarios de internet conocen el consumo colaborativo y que hasta un 60% ya han hecho alguna actividad en diferentes plataformas. Los mayores usos de las mismas han sido para la compra-venta de productos (77% de los que las han utilizado), transporte (32%) y estancias (29%). Un

---

[38] "The sharing economy: Share and make money. How does Switzerland compare?", http://www2.deloitte.com/ch/en/pages/consumer-business/articles/the-sharing-economy.html

[39] "Estudio Anual de eCommerce 2016", http://www.iabspain.net/wp-content/uploads/downloads/2016/06/Estudio-eCommerce-IAB-2016_VP%C3%BAblica1.pdf

45% menciona que las utiliza tanto para comprar como para vender.

Por último, y también a nivel nacional, el Panel de Hogares abril-junio 2016 de la Comisión Nacional de los Mercados y la Competencia (CNMC)[40] indica que un tercio de los internautas utiliza la economía colaborativa al menos una vez al año, siendo la compraventa de artículos de segunda mano (27%) la más empleada, seguido por el alojamiento en casa de un particular (9,7%) y la compartición de trayectos en automóvil entre ciudades (6,4%). Desde el punto de vista de la oferta, un 22,7% publicó al menos una oferta de un producto de segunda mano, mientras que tan solo un 4% publicó una oferta relativa a su vivienda o para transportar a personas en su automóvil.

5.3 Impacto económico

Respecto a las cifras económicas que genera la economía colaborativa, PwC estima un tamaño total de mercado de 15 millones de dólares en 2015, apuntando que en 2025 podría alcanzar los 335 mil millones de dólares.

En Europa, la Comisión Europea menciona la cifra de 28 mil millones de euros como la cifra total económica causada por la economía colaborativa en 2015[41].

Finalmente, en el caso de España, y centrado específicamente en el comportamiento del turista nacional que utiliza la vivienda vacacional, el III Barómetro del Alquiler Vacacional en España,

---

[40]   https://www.cnmc.es/Portals/0/Ficheros/notasdeprensa/2016/Promocion/20161021%20NP_resultados%20Panel%20hogares%20EC_final.pdf

[41]   "The collaborative economy", http://ec.europa.eu/DocsRoom/documents/16955/attachments/1/translations/en/renditions/pdf

elaborado por la Universidad de Salamanca para Homeaway[42], menciona el uso de la vivienda vacacional en aproximadamente un tercio de los casos de viajes por motivo de vacaciones u ocio, con un impacto total superior a los 12 mil millones de euros: 2.600 relativos a los alquileres en sí mismos y casi 10 mil millones relativos a gastos en el entorno.

A modo de síntesis, el cuadro 5.1 reúne las principales cifras que hemos encontrado sobre la economía colaborativa.

---

[42] "III Barómetro del Alquiler Vacacional en España", https://www.homeaway.es/info/files/shared/HomeAwayLab/pdf/InformeEjecutivoIIIBarometroAlquilerVacacionalEspana2016.pdf

Cuadro 5.1. Cifras sobre la economía colaborativa por actividad y por área geográfica

Negocio	Datos
Volumen	De 15 mil millones en 2015 hasta 325 mil millones de dólares en 2025 en EE.UU. 28 mil millones en Europa en 2015

Actividad	Datos
Alojamiento	10% del ingreso por alojamiento en EE.UU. Más de 2 millones de habitaciones y 155 millones de huéspedes anuales en Airbnb. 35% de los viajes de ocio de residentes españoles
Tareas	30.000 trabajadores en TaskRabbit.
Transporte	1,5 millones conductores Uber en el mundo. Uber en más de 500 ciudades.

Países-regiones	Datos
EE.UU.	Usuarios entre el 2% y 9% de adultos. 7% de la población actúa como proveedor. 9% de los trabajadores autónomos están en EC. Volumen de la economía colaborativa de 15 mil millones de dólares (2015).
Europa	17% de la población la ha usado. 32% de consumidores son proveedores.
Suiza	52% de la población usará la economía colaborativa.
España	60% de los compradores por internet han usado la economía colaborativa.

Fuente: elaboración propia a partir de las fuentes citadas en el texto

6 Consumidores y economía colaborativa

En este capítulo explicamos diferentes cuestiones relativas a la relación entre los consumidores y la economía colaborativa: los mecanismos existentes en la economía colaborativa para garantizar la seguridad y la tranquilidad del consumidor; las principales razones por las que los usuarios utilizan la economía colaborativa; y el perfil del usuario de este tipo de plataformas.

6.1 Seguridad en el uso de la economía colaborativa

Tal y como indican Park y Kim (2003), el consumo en internet depende, entre otros aspectos, del grado en que el intercambio comercial propuesto por el proveedor sea percibido como seguro por parte del consumidor. Una parte importante de esa seguridad se explica por el grado en que la página web ofrece información relevante para predecir la calidad del servicio o producto que se quiere comprar (Wolfinbarger y Gilly, 2001). De hecho, de acuerdo con el Flash Eurobarometer 438 (TNS Political & Social, 2016), los principales problemas percibidos por los conocedores de la economía colaborativa tienen que ver con diferentes aspectos relacionados con la seguridad que implica el intercambio. Por ejemplo, no saber quién en es el responsable en caso de que surja un problema, no confiar en las transacciones basadas en internet, desconfiar de los proveedores, o la posible decepción si los bienes o servicios no satisfacen las expectativas. En este sentido, Cheng (2014) indica que un denominador común a los portales de la economía colaborativa es que buscan conseguir la confianza de los consumidores.

Todo lo anterior tiene que ver con la asimetría de información que, en muchos casos, puede caracterizar a los intercambios en la economía colaborativa. Ahora bien, como explica Domenech-Pascual (2015), en algunos casos la economía colaborativa ya genera menos problemas derivados del desconocimiento del proveedor que la economía tradicional. Esto ocurre en el sector del transporte de viajeros, ya que, además de la cantidad de información que ofrece la plataforma (por ejemplo, precio del trayecto, localización del conductor, tiempo previsto, itinerario a seguir, valoraciones de otros pasajeros), la misma ya ha adquirido una determinada reputación como opción de consumo.

Los portales, conscientes de la importancia que tiene la percepción de seguridad por parte del visitante de los mismos, utilizan diferentes mecanismos para generarla. Entre ellos destacan los siguientes:

a) las valoraciones y opiniones de consumidores sobre los proveedores,
b) el control que llevan a cabo sobre quién puede prestar servicios,
c) el control sobre los servicios prestados,
d) datos y descripciones sobre las características de los proveedores, y
e) centros de soporte y garantía sobre el trabajo realizado.

A continuación se comentarán cada uno de estos cinco elementos.

a) Valoraciones y opiniones de los consumidores

Una de las características de los portales de economía colaborativa es que permiten a los clientes valorar a los proveedores y su trabajo, los servicios prestados y/o los bienes utilizados. Posteriormente, esta información se muestra a cualquier consumidor. Es una de las normas de funcionamiento de estas plataformas y los que quieren participar en las mismas deben aceptarla.

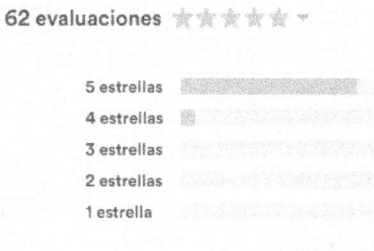

62 evaluaciones ★★★★★

5 estrellas

4 estrellas

3 estrellas

2 estrellas

1 estrella

Esta reputación digital del trabajador se genera con sistemas más o menos sofisticados. Uno sencillo es el usado por Airbnb, que consiste en las valoraciones que dan los clientes a la vivienda, y a algunas características de la misma, en una escala de una a cinco estrellas. A ello se añaden los comentarios que dejan los huéspedes sobre su experiencia. Otro sencillo es el caso de TaskRabbit, que muestra para cada trabajador el porcentaje de valoraciones positivas de clientes y sus comentarios.

Un sistema más complejo es el utilizado por Upwork. Este portal tiene un sistema denominado *job success score* basado en el historial del profesional en la plataforma. La puntuación se calcula a partir de diferentes variables como los contratos con valoraciones positivas, los contratos con valoraciones negativas, los clientes que repiten, los contratos de larga duración y las interacciones registradas del profesional con los clientes. Esta puntuación se calcula para diferentes periodos de tiempo y se ofrece la que genera mejor resultado[43]. A su vez, también ofrece la versión más simple consistente en una puntuación en una escala de una a cinco estrellas. Además, tiene una clasificación que recoge solo a los profesionales mejor valorados por los clientes.

b) Control sobre quién puede presentar servicios en las plataformas

Las plataformas intentan garantizar que los profesionales que operan en las mismas sean personas en las que los consumidores puedan confiar. A tal efecto algunas presumen de controlar quien puede ofrecer sus servicios a través de ellas.

Por ejemplo, `TaskRabbit`, en su web, afirma que "Los *taskers* pasan por un cuidadoso proceso de revisión antes de que puedan unirse a nuestra comunidad". Este proceso, de acuerdo con lo expuesto en la plataforma, consiste en: comprobación de la identidad, comprobación de antecedentes criminales y asistir a una sesión de orientación en la ciudad en la que se reside.

`Upwork` ofrece a los consumidores escoger una modalidad llamada "pro talent". Consiste en que la plataforma lleva a cabo un proceso de evaluación de profesionales que incluye el estudio del historial de trabajo y los proyectos realizados, además de entrevistas y evaluación de habilidades.

`Uber`, dependiendo de la ciudad en la que opere, exige a los conductores tener un coche con un tope de años de antigüedad (incluso pueden excluirse determinados modelos), un certificado

---

[43] La explicación detallada está disponible en https://support.upwork.com/hc/en-us/articles/211068358-My-Job-Success-Score

de antecedentes penales, pasar un test psicológico, una entrevista de trabajo y un análisis toxicológico. A pesar de ello, recientemente Uber ha llegado a un acuerdo para pagar entre 10 y 25 millones de dólares por haber "engañado a sus pasajeros acerca de la calidad de sus comprobaciones sobre los conductores"[44]. Lyft también exige una antigüedad máxima de los vehículos, que incluso puede variar en cada zona geográfica en función de la normativa que se aplique en la misma.

En Nidmi, especializada en servicios para el hogar, resaltan que los asistentes han pasado los filtros de su equipo de selección de personal. A su vez, dependiendo de la modalidad contratada, los clientes pueden contar con los servicios de selección de personal de la plataforma para encontrar al trabajador que buscan.

Un artículo publicado en la revista 5280 explica como llevó a cabo EatWith el proceso de aceptar a una pareja para que fueran los primeros anfitriones en Denver[45]. Además de la solicitud, tuvieron que enviar fotos de la comida y un vídeo de su casa, además de mantener una reunión por Skype en la que mostraron la cocina y el comedor. También tuvieron que describir el menú, los precios y realizar una cena de demostración en la que estuvo presente un fotógrafo profesional.

Otras plataformas no llevan a cabo estos procesos de análisis previo de los profesionales. Airbnb, aparte de verificar la identidad tanto de los anfitriones como de los huéspedes, de acuerdo con los procedimientos de la plataforma, no exige nada para que una persona se convierta en anfitrión. A pesar de ello, sí

---

[44] "Uber to pay up to \$25m to settle background check lawsuit", http://www.ft.com/fastft/2016/04/08/uber-to-pay-25m-to-settle-background-check-lawsuit/

[45] "EatWith, the Airbnb of Dinner Parties, Comes to Denver", http://www.5280.com/digital/2016/03/eatwith-airbnb-dinner-parties-comes-denver

que da la opción de que el propietario solicite el envío de un fotógrafo oficial de Airbnb a la propiedad, de forma que, posteriormente, estas fotografías tendrán un sello específico en la plataforma garantizando su veracidad. Igualmente, otorga el sello de superanfitrión (*superhost*) a aquellos que cumplen una serie de características en cuanto a experiencia, ratio de respuesta, calidad y compromiso, renovando esta distinción cada tres meses.

Upwork, para verificar a los profesionales, les pide que suban dos documentos: uno con foto que garantice su identidad, como el documento nacional de identidad o el carnet de conducir, y otro referido a los datos bancarios.

Para trabajar mediante Amazon Mechanical Turk, la plataforma solicita el nombre, correo electrónico, país de residencia y estar conforme con el acuerdo de participación en la plataforma. Posteriormente, el equipo de atención al cliente revisará la nueva cuenta.

En Trip4real no investigan de antemano a los guías locales, pero se reservan el derecho de hacerlo. Una vez el candidato a guía local proporciona la información requerida para ofrecer una actividad, el equipo de control de calidad la validará en un plazo de 72 horas.

El cuadro 6.1 recoge una síntesis de las plataformas y sus correspondientes procedimientos de evaluación de los proveedores.

Cuadro 6.1. Cómo controlan las plataformas quién presta servicios

TaskRabbit	Comprobación de identidad, antecedentes criminales, sesión de orientación
Upwork	Opción "Pro talent": evaluación del historial, proyectos realizados, entrevistas y evaluación
Uber	Antigüedad del vehículo, antecedentes penales, test psicológico, entrevista, antecedentes toxicológicos
Lyft	Antigüedad del vehículo
Nidmi	Selección de personal global y específica
EatWith	Fotos de la comida, reunión vía Skype, envío de menú y precios
Airbnb	Identidad anfitrión y huésped, opción de enviar un fotógrafo para verificar
Upwork	Foto de identidad y documentos bancarios
Amazon Mechanical Turk	Datos del trabajador y revisión por parte del equipo
Trip4real	Equipo de control de calidad que verifica la solicitud
	Fuente: elaboración propia

c) Control sobre los servicios prestados mediante la plataforma

Dos maneras adicionales de generar confianza en los clientes consisten en evaluar la calidad de los servicios que prestan los profesionales, al objeto de dar de baja a los que no lleguen al nivel requerido y acreditar profesionales de alto rendimiento.

Así, `Etsy` controla los intercambios que no van según lo esperado (por ejemplo, pedidos cancelados por el cliente, descripciones de productos incorrectas, casos de no entrega del producto, valoraciones de clientes de una o dos estrellas) para ponerse en contacto con los artesanos y recomendarles cómo mejorar la situación. Advierten que, si no se es capaz de mantener un nivel aceptable de servicio de atención al cliente, el profesional podría dejar de cumplir los requisitos de la plataforma.

`Amazon Mechanical Turk` asigna automáticamente calificaciones en función de una evaluación que la plataforma realiza del rendimiento del trabajador, mostrándolas a los clientes para que puedan elegir con más conocimiento a los trabajadores, mientras que `Uber` puede desactivar a un conductor si estima que las valoraciones que recibe por parte de los clientes son bajas.

`TaskRabbit` declara que puede estudiar a los trabajadores antes de que formen parte de la plataforma o durante su estancia en la misma. La plataforma tiene en cuenta las valoraciones de los clientes con el fin de que, junto con otros indicadores, los trabajadores con resultados más bajos tengan menos acceso a solicitudes de tareas. La plataforma tiene también la categoría *TaskRabbit Elite*, que incluye a aquellos trabajadores que de manera consistente dan el servicio más profesional. Para ello tienen en cuenta las valoraciones de los clientes.

`Upwork` también tiene una categoría especial de trabajadores: *the top rated program*. Los profesionales con esta distinción suponen menos del 10% y se caracterizan por tener una tasa de éxito muy alta y un nivel de ingresos que reflejan, ambos, la calidad y consistencia de su trabajo.

Por último, `Airbnb` otorga el distintivo de superanfitrión (*superhost*) a los anfitriones que cumplen una serie de características: experiencia (medida por el hecho de obtener un mínimo de 10 reservas al año), ratio de respuesta (se valora tanto la rapidez, como el contestar a un mínimo del 90% de peticiones), calidad (les exigen un mínimo del 80% de valoraciones de 5 estrellas) y compromiso (entendido como el respeto a las reservas aceptadas y la cancelación solo en muy contadas ocasiones). Esta distinción se renueva cada tres meses.

El cuadro 6.2 resume todos los procedimientos antes descritos.

Cuadro 6.2. Cómo controlan las plataformas los servicios que se prestan

Etsy	Control de los procesos que no funcionan correctamente para intentar mejorar la calidad
Amazon Mechanical Turk	Valora automáticamente el rendimiento del trabajador
Uber	Posibilidad de desactivar a los trabajadores con bajas valoraciones
TaskRabbit	Dificultar el acceso a tareas a los trabajadores mal valorados y categoría *TaskRabbit Elite.*
Upwork	*Top rated program*: 10%. Elevada tasa de éxito y buen nivel de ingresos
Airbnb	*Superhost*: experiencia, ratio de respuesta, calidad y compromiso
Fuente elaboración propia	

d) Datos y descripciones sobre las características de los proveedores

También es frecuente que en las plataformas se ofrezca información específica y abundante sobre los trabajadores y sus actividades de cara a mejorar la percepción de seguridad que puedan tener los consumidores.

Para ello se usan dos fuentes de información: los propios proveedores y acreditaciones de conocimientos según la plataforma. Respecto a la primera, es frecuente que las plataformas soliciten a los trabajadores que completen su perfil y que comuniquen de forma detalla y atractiva sus habilidades y conocimientos.

Así, Upwork pide a los profesionales que describan sus habilidades y experiencia profesional, así como su formación y logros. Insiste en la necesidad de prestar atención a esta información (libre de errores, bien escrita) y en añadir una foto amigable y de aspecto profesional.

En PeoplePerHour los profesionales enumeran los proyectos en los que han trabajado, la fecha de su último proyecto, y los clientes que han tenido. Los dedicados al diseño publican un portfolio de imágenes de sus creaciones. En la opción consistente en servicios ofertados, denominados *hourlies* (por ejemplo, diseñar la portada de un libro, diseñar un logo), los profesionales publican sus conocimientos, las habilidades y las experiencias relacionadas con los mismos. Además, añaden el precio de la hora de trabajo y su tiempo de realización.

En Trip4real es obligatorio incluir imágenes representativas de las actividades propuestas. Hay que tener en cuenta que el uso de fotos, sobre el servicio que se oferta en la economía colaborativa, ha mostrado influir en la confianza que despierta el proveedor en el cliente y, consecuentemente, en su decisión de consumo (Ert, Fleischer, y Magen, 2016). Asimismo, la plataforma enfatiza describir las actividades ofertadas de una manera detallada, diferenciadora respecto a otras actividades y de forma que despierte interés.

Aludiendo a motivos de confianza, Airbnb pide a los anfitriones que publiquen una foto propia y una descripción de un mínimo de 50 palabras, en la que se explique el motivo de usar Airbnb, los intereses y aficiones o cualquier otro detalle que consideren interesante. Aparte, ofrece la posibilidad de añadir verificaciones de identidad como los perfiles de Facebook, LinkedIn, o el número de teléfono.

Algunas plataformas basadas en servicios que implican habilidades y conocimientos profesionales permiten que, voluntariamente, los trabajadores realicen pruebas que evalúan destrezas que estiman interesantes para los clientes.

Por ejemplo, Upwork ofrece a sus profesionales un enorme banco de pruebas para que acrediten sus habilidades y los consumidores las conozcan (por ejemplo, programación en Java o en .NET, habilidades para la redacción técnica, o habilidades para la gestión). Los resultados se muestran en una escala de 0 a 5 en función de las respuestas acertadas y los profesionales pueden elegir no mostrar los resultados si no les interesan y, pasado el tiempo, volver a realizar los tests y así mejorar sus puntuaciones. Aparte de las puntuaciones, la plataforma muestra el percentil que implican las mismas entre todos los profesionales que han realizado el test. De esta manera los clientes pueden valorar comparativamente a los profesionales. Estos percentiles obtenidos irán variando a medida que otros profesionales van realizando las pruebas.

Amazon Mechanical Turk también ofrece la opción de realizar pruebas de evaluación como forma de acreditar habilidades ante los clientes. A la vez, la plataforma asigna de forma automática cualificaciones relacionadas con el rendimiento alcanzado en las tareas asignadas. Por su parte, los clientes pueden asignar requisitos de habilidades o cualificaciones a las tareas, de manera que las mismas sólo puedan ser ejecutadas por los profesionales que las poseen según los mecanismos anteriores.

El cuadro 6.3 recoge las plataformas citadas y sus actuaciones en lo referido a la información de los proveedores.

Cuadro 6.3. Información sobre los proveedores en las plataformas

Upwork	El trabajador describe sus habilidades y experiencia profesional.
Trip4real	Obligatorio incluir imágenes de las actividades. Describirlas de manera detallada y diferenciadora.
Airbnb	Foto del anfitrión y descripción de un mínimo de 50 palabras. Conexión con perfiles en redes sociales.
Upwork	El trabajador puede llevar a cabo pruebas para una evaluación automática de sus capacidades.
Amazon Mecanical Turk	El trabajador puede llevar a cabo pruebas de evaluación automática y la propia plataforma evalúa.

Fuente: elaboración propia

e) Centros de soporte y garantía sobre el trabajo realizado

Algunos portales de referencia en la economía colaborativa, como Airbnb y TaskRabbit, tienen centros de soporte y ayuda.

Estos centros ofrecen apoyo y orientación a los proveedores o a los clientes de diferente manera. Una es mediante una sección en la plataforma en la que se explica cómo actuar ante distintas contingencias que se prevén que preocupan a los clientes. Entre las mismas suelen aparecer qué hacer si no se está conforme con el producto o servicio recibido, o con los honorarios, y cómo cancelar una solicitud de servicio y las consecuencias de ello.

Otra es ofreciendo una dirección de correo electrónico como medio de contacto y una tercera consiste en contar con un número de teléfono para la atención al cliente. En el caso de Upwork, la plataforma tiene un sistema formal para canalizar las diferencias que los clientes puedan tener respecto a las horas facturadas por los profesionales. Si el trabajador no está de acuerdo con el criterio del cliente la propia plataforma pasa a intermediar en estas diferencias.

Etsy procede de manera similar cuando el cliente no está de acuerdo con el producto recibido: la plataforma tiene mecanismos para, en un primer momento, poner de manifiesto los motivos y, si no hay acuerdo, su centro de ayuda pasa a intermediar y tomar una decisión.

Otra forma menos habitual de abordar la posible desconfianza de los consumidores es contar con un seguro que cubra contingencias perjudiciales para los mismos. Así, TaskRabbit asume una compensación por pérdidas debidas a daños en la propiedad del cliente causados por una negligencia del trabajador durante la realización del servicio, o también por lesiones o robos.

Airbnb también cuenta con un seguro similar, aunque, en este caso, está pensado para el anfitrión que pueda encontrar algún desperfecto en su casa después de la salida del huésped. Inicialmente este seguro fue de 50 mil dólares y posteriormente se aumentó a un millón de dólares en EE.UU. En España es de 35.000 euros. Además, cuenta con una división dedicada a la confianza y seguridad en la que trabajan más de 80 expertos (Vázquez, 2016).

Finalmente, hay que destacar que algunos de los portales más representativos de la economía colaborativa (por ejemplo, Airbnb, TaskRabbit, Upwork, Trip4real) no pagan al trabajador hasta que el servicio se haya comenzado a prestar, se haya prestado en su totalidad o, incluso, hasta transcurrido un plazo de su finalización. El motivo argumentado es evitar el fraude y tener un tiempo para comprobar que todo ha ido bien.

6.2 Por qué usan los consumidores las plataformas de economía colaborativa y principales barreras encontradas

En el análisis de la relación entre los consumidores y la economía colaborativa, creemos interesante hacer referencia a las razones por las cuales los consumidores utilizan la economía colaborativa. Al ser un fenómeno relativamente reciente, no hay demasiado escrito al respecto y los pocos trabajos que hay no son realmente definitivos. Aun así, entendemos que pueden aportar algo de luz a la cuestión.

En la base del concepto de la economía colaborativa se encuentra, principalmente, la confianza entre las personas, es decir, entre el consumidor y el prestador del servicio.

Tratando de manera más específica las razones para el uso, en primer lugar, mencionamos el estudio de Hamari, Sjöklint y Ukkonen (2015) en el cual concluyen que las causas principales para el uso de la economía colaborativa son el disfrute intrínseco asociado a la participación en la misma y las ventajas económicas en términos de tiempo y dinero. También encuentran un interés por parte de los usuarios hacia la sostenibilidad, si bien en este estudio indican que posiblemente esta cuestión se importante solo para aquellos usuarios que ya de por si tienen un interés por el consumo ecológico.

En segundo lugar, mencionamos el libro de Cañigueral (2014). En el ámbito del consumo colaborativo explica y analiza las razones por las que las personas comparten sus bienes. Además de los motivos pecuniarios, también apunta a razones de bienestar, experiencias y descubrimiento de otras personas. Por último, también cita las razones medioambientales, aunque reconoce que es algo en lo que los usuarios no suelen pensar cuando comparten. De forma similar, Shaheen, Chan, y Gaynor (2016), al encuestar a una muestra de consumidores de transporte colaborativo, encuentran que los motivos medioambientales y de pertenencia a una comunidad son secundarios. Las principales razones son la comodidad, el ahorro de tiempo y de dinero.

Por último, hay diversos informes que también aportan luz en función de encuestas realizadas a grupos de usuarios. Por ejemplo, el informe de 2015 llevado a cabo por PwC[46], a partir de una muestra de estadounidenses, nombra como causas principales los costes menores, la mayor oferta de opciones y el acceso más fácil. En el caso de los europeos, el Flash Eurobarometer 438 de 2016 ya citado expone que los conocedores de la economía colaborativa destacan como ventajas de la misma, respecto al comercio tradicional, los siguientes aspectos: el acceso a los servicios está organizado de una manera más conveniente (41%), resulta más barato o gratis (33%), la posibilidad de intercambiar productos o servicios en vez de usar dinero (25%), y la oferta de servicios nuevos o

---

[46] "The Sharing Economy", https://www.pwc.com/us/en/technology/publications/assets/pwc-consumer-intelligence-series-the-sharing-economy.pdf

diferentes (24%). Telles (2016) también cita los menores precios, la mayor confiabilidad en los servicios prestados gracias a las valoraciones, y la mejora de la experiencia por parte del consumidor por, por ejemplo, la posibilidad de usar medios digitales en todo el proceso.

En España, el ya mencionado Estudio Anual de eCommerce 2016[47] de IAB Spain, indica que las principales causas son los precios, la comodidad, la sencillez y el encontrar lo que se va buscando.

A nuestro juicio, el fuerte impulso que está teniendo la economía colaborativa en los últimos años podría tener detrás también a un tema de valores, en el sentido de que el tipo de oferta y quién la lleva a cabo constituiría un modelo más cercano a lo que el consumidor va buscando y con el tipo de operador que desea relacionarse. Frente a un modelo industrial dominado por las grandes corporaciones, la economía colaborativa permite el empoderamiento del individuo y las relaciones más directas de los consumidores con los prestadores de los servicios.

Como plantean Porter y Kramer (2011), se ha culpado a las empresas de beneficiarse a costa de las comunidades en las que operan, haciendo que la confianza hacia dichas empresas haya caído a niveles históricos. A su vez, como las empresas están enfocadas en la creación de valor para sus accionistas, frecuentemente acaban olvidándose de sus clientes. Por ejemplo, podemos fijarnos en el sector de las operadoras telefónicas y su permanente preocupación más por captar nuevos clientes que por mantener a los ya existentes.

Por todo ello, Porter y Kramer (2011) indican que, en esta situación, las empresas debían replantearse su objeto, llevándolo

---

[47] "Estudio Anual de eCommerce 2016", http://www.iabspain.net/wp-content/uploads/downloads/2016/06/Estudio-eCommerce-IAB-2016_VP%C3%BAblica1.pdf

hacia un modelo de valor compartido: que se genere un valor económico para la empresa al tiempo que se genera un valor para la sociedad en la que opera. Quizás podríamos decir que la economía colaborativa entronca con este planteamiento de valor compartido, pero bajo un punto de vista un tanto distinto: el que el valor sea compartido por la cercanía entre el prestador de servicio y el consumidor.

Claro está que no habría que olvidar que, a medida que las plataformas crecen y entran en modelos de lograr cada vez mayor inversión y mayores rondas de financiación, pueden darse situaciones en las que el crecimiento a toda costa se convierta en el objetivo principal de la plataforma, incluso aunque en el proceso sea necesario renunciar a parte de los valores que ayudaron a la empresa a consolidarse y crecer.

Inicialmente se puede dar un cierto efecto de cercanía, de mayor hospitalidad en la economía colaborativa que en la tradicional. Pero quizás este efecto esté causado, sobre todo, por la novedad del modelo, que irá disminuyendo a medida que sea más frecuente el uso de estos servicios y que en muchos de ellos se lleve a cabo un proceso de estandarización buscando una mayor eficiencia.

Para terminar con este apartado, mencionar que en diversos informes se citan las principales barreras al uso de la economía colaborativa: la normativa y regulación, la confianza en los demás, temas relativos a la privacidad y a la seguridad, las dificultades existentes inherentemente al proceso de compartición, y el desconocimiento de por dónde o cómo empezar. Y, por encima de todas ellas, el hecho de que venimos de un sistema en el que la propiedad de los bienes era lo más habitual, por lo que pasar de un modelo de, por ejemplo, poseer un bien de transporte a un modelo en el que disponemos de distintos tipos de servicios de transporte requerirá un importante cambio de mentalidad.

El cuadro 6.4 resume las principales cuestiones tratadas en este apartado, es decir, las razones para el uso de la economía colaborativa y las principales barreras existentes actualmente.

Cuadro 6.4. Razones y barreras al uso de la economía colaborativa

Razones para el uso	Barreras existentes
Precio	Costumbres
Oferta más conveniente	Normativa y regulación
Conocer gente	Confianza
Sostenibilidad	Privacidad y seguridad
Valores	Proceso de compartición
Disfrute del tipo de actividad	Desconocimiento

Fuente: elaboración propia

6.3 Perfil del consumidor en la economía colaborativa

Inicialmente los perfiles de los consumidores en la economía colaborativa, sobre todo en el ámbito del consumo colaborativo y la compartición, se asociaron a personas jóvenes, urbanitas, con igualdad de hombres y mujeres, muy en la línea de lo que sería la difusión digital. Esta perspectiva ha cambiado en los últimos tiempos, especialmente si analizamos el fenómeno desde el punto de vista más global de la economía colaborativa y no nos ceñimos al ámbito del consumo colaborativo.

Así, y aunque aún no es habitual, cuando se pregunta a la población en general, un amplio porcentaje (entre un 60 y un 80%, según los estudios) afirman estar dispuestos a actuar como proveedores en alguna de las plataformas. A su vez, un porcentaje aún mayor (cifras cercanas o superiores al 90%) afirman que en el futuro consumirán este tipo de servicios o que no tendrían mayor inconveniente en utilizarlos. Concretamente, el Flash Eurobarometer 438 (TNS Political & Social, 2016) recoge que los hombres y las personas de entre 25 y 39 años son los que más declaran haber usado plataformas de economía colaborativa, aunque son aquellas de edades comprendidas entre 40 y 54 años los que afirman hacerlo de manera regular. De la misma manera, la formación resulta una variable importante, ya que los que se formaron hasta los 20 años o más eran los que más declaraban haber usado servicios de la economía colaborativa.

7 El trabajo y la economía colaborativa

Mucha de la actividad de las personas que ofrecen servicios o productos en la economía colaborativa se asimila al trabajo que ya existe fuera de internet. De hecho, la misma Comisión Europea, en el informe elaborado por el Comité de las Regiones (2015), resalta el potencial que tiene la economía colaborativa para la generación de empleo. No obstante, aunque es frecuente encontrar opiniones en los medios de comunicación respecto a lo que significa trabajar en la economía colaborativa, estas suelen centrarse en casos individuales o en anécdotas. Son pocos los análisis más sistemáticos o basados en evidencia empírica.

En este capítulo se abordarán diferentes cuestiones respecto al trabajo en la economía colaborativa. La primera se refiere al estatus laboral de las personas que están actuando como proveedores. Aquí el análisis girará en torno al rol de la plataforma respecto a estos últimos. A su vez, se expondrán datos e información respecto a los trabajadores, a efectos de conocer tanto sus características como su trabajo. Finalmente, se tratarán la relación de la economía colaborativa con en el empleo y la controvertida cuestión de la protección social de los trabajadores.

7.1 ¿Profesionales o empleados?

Desde un punto de vista legal, ¿cuál es el estatus de las personas que están ofertando servicios en la economía colaborativa? Ya se ha comentado que esta economía incluye distintas modalidades de intercambio o colaboración, por lo que dependiendo de estas el estatus del participante será diferente. Ginès i Fabrellas y Gálvez Duran (2016) se posicionan claramente en cuanto a la no existencia de trabajo (y por tanto ni de profesionales, ni de empleados) cuando las plataformas lo que promueven es que se compartan gastos y no lucrarse con el servicio que se ofrece (por ejemplo, BlaBlaCar).

En el caso de las plataformas en las que los proveedores sí buscan una compensación por sus servicios, la condición laboral de los mismos es una cuestión más delicada. Es habitual que estas plataformas se definan como intermediarios entre la oferta y demanda y que califiquen a las personas dadas de alta en la misma de profesionales, emprendedores independientes o, simplemente, personas que quieren ganar dinero realizando una actividad para los consumidores.

Por ejemplo, en los términos y condiciones de uso recogidos en su página web, para Estados Unidos en enero de 2016, Uber establece que "usted reconoce que Uber no presta servicios logísticos o de transporte ni funciona como una empresa de transportes". Por su parte, TaskRabbit en febrero de 2016 se autodefine como "una plataforma de comunicación que permite la conexión entre clientes y *taskers*" e indica que "la empresa no tiene control sobre la calidad, tiempo de ejecución o legalidad de las tareas realizadas por sus *taskers*". En cuanto a los trabajadores afirma que no trabajan para la empresa sino que "son emprendedores locales y autónomos independientes que trabajan para ellos mismos".

Pero, a su vez, es frecuente que también citen a estas personas como sus trabajadores al objeto de generar confianza en el consumidor. Por ejemplo, si bien la plataforma cronoshare en su página web dice "te ayudamos a encontrar profesionales", en su video explicativo publicado el 18 de abril de 2013[48] termina diciendo "nuestros trabajadores saben lo que hacen y, además, son personas de confianza". En este sentido, como ya se ha descrito, las plataformas presumen de controlar de alguna manera las características de quienes están ofreciendo trabajo en las mismas.

La operativa de las plataformas de la economía colaborativa varía en lo referido a la medida en que limitan o regulan la actividad que realizan las personas que prestan servicios mediante las mismas. Partiendo de la premisa de que los profesionales independientes, en comparación con los trabajadores por cuenta ajena, deben tener libertad para decidir con quién, cuándo y cómo realizar sus servicios (Nieto, 2010), el funcionamiento de las plataformas no debería restringir la labor de los profesionales en estos ámbitos.

Por lo tanto, cuanto menos interfieran en el trabajo de los proveedores, menos discutible será su rol de mero intermediario entre oferta y demanda. Por el contrario, cuanto más dirijan e intervengan en el trabajo que implican los servicios que prestan esos profesionales, más se parecerá la plataforma a una empresa que emplea trabajadores para prestar servicios a clientes. A continuación, se ejemplificarán estas situaciones con dos de los portales de economía colaborativa más importantes y conocidos.

Un propietario de una vivienda decide alquilar la misma a través de Airbnb e irse a vivir con su pareja. Como es sabido, esta oferta será realizada conjuntamente con la de otros muchos anfitriones a los que Airbnb, aparte de verificar su identidad de acuerdo con los procedimientos de la plataforma, no les exige

---

[48] https://www.youtube.com/watch?v=M1gsL75fCM0

ninguna otra condición para participar. Los propietarios pueden fijar sus precios, o hacer caso a las sugerencias de Airbnb al respecto, y los clientes deciden en base a sus preferencias. Si algún cliente contacta con el propietario y llegan a un acuerdo, la plataforma deducirá de los ingresos del anfitrión un porcentaje del coste total, antes de impuestos, que conlleva la estancia del huésped (además de una tarifa de servicio que cobrará al propio huésped). Para tener éxito en el alquiler de la vivienda, Airbnb pone a disposición de los anfitriones multitud de consejos y recomendaciones. Visto todo lo anterior, parece poco probable que alguien entienda que los anfitriones de Airbnb sean empleados de la empresa.

En cambio, y como ya se ha explicado anteriormente, Uber, dependiendo de la ciudad en la que opere, exige a los conductores tener un coche en un estado determinado, un certificado de antecedentes penales, pasar un test psicológico, una entrevista de trabajo y un análisis toxicológico. Los "socios" o conductores de Uber no fijan los precios por sus servicios, sino que es la plataforma la que lo hace siguiendo un sistema dinámico de fijación de precios de acuerdo con la oferta y demanda. Los conductores tienen la potestad de elegir cuándo ofrecer sus servicios pero, según algunas fuentes[49], ello está condicionado por la exigencia de la plataforma de aceptar un alto porcentaje de solicitudes y por un sistema de bonus económico que penaliza que se conduzca pocas horas a la semana.

Uber también puede desactivar a un conductor si estima que las valoraciones que recibe por parte de los clientes son bajas. Como se puede observar, Uber regula mucho más la actividad de sus "socios" que lo que hace Airbnb con sus anfitriones. De hecho, parece que va más allá de ser un mero intermediario (que

---

[49] "16 Things You Might Not Know About Uber and Its Drivers", http://mentalfloss.com/article/67010/16-things-you-might-not-know-about-uber-and-its-drivers

es como se definen a sí mismas muchas de estas plataformas) entre conductores y clientes.

Por motivos como los anteriores ya hay quien ha manifestado sus dudas sobre si hay diferencia entre Uber y los servicios tradicionales de taxis (Avital *et al.*, 2015). Uber, con sus prácticas, limita la libertad de actuación de los conductores y condiciona su forma de trabajar, por lo que el rol de profesionales independientes que se les atribuye no es del todo cierto. De hecho, ante una demanda interpuesta por una conductora de Uber, el estado de California de los Estados Unidos admitió que la misma debía ser considerada una trabajadora de la empresa y no una profesional independiente[50]. Los motivos argumentados estaban relacionados con el control que Uber realiza de los servicios prestados, desde la selección que hace de los conductores potenciales hasta el control de la calidad de su trabajo mediante las opiniones de los clientes. También la empresa acordó compensar a los conductores con 100 millones de dólares, mediante un acuerdo extrajudicial, ante la demanda interpuesta por los mismos, en los estados de California y Massachusetts, reclamando su condición de empleados de la empresa en vez de la de trabajadores autónomos[51]. En Europa, concretamente en el Reino Unido, un tribunal en Londres, ante la demanda interpuesta por dos conductores, ha declarado que los chóferes de Uber deberían ser considerados empleados de la empresa y no profesionales autónomos. Así, en el caso de los dos demandantes, les reconoce su derecho a vacaciones pagadas y al salario mínimo interprofesional[52].

---

[50] "Uber Isn't About to Roll Over on Making Drivers Employees", http://www.wired.com/2015/06/uber-isnt-roll-making-drivers-employees/

[51] "Uber pacta con sus conductores de EE UU que sigan de autónomos", http://economia.elpais.com/economia/2016/04/22/actualidad/1461315073_762691.html

Los anteriores sucesos acontecidos en Uber han coincidido con las declaraciones de algunos portales de reconsiderar la condición legal de los trabajadores que dan los servicios. Así, Instacart ha anunciado la reconversión gradual de una parte importante de sus trabajadores autónomos en trabajadores a tiempo parcial por cuenta ajena[53]. Por su parte, Shyp también ha declarado que sus mensajeros pasarán a ser trabajadores por cuenta ajena[54]. Las dos empresas argumentan los cambios en base a la mejora de la calidad del servicio que el nuevo estatus laboral implica.

La intervención en la actuación de los profesionales se encuentra también en otras plataformas. Así, TaskRabbit, en sus directrices para lo que denominan la comunidad TaskRabbit, afirma que rehusar solicitudes de tareas de manera frecuente puede resultar en menores oportunidades de acceso a tareas o, incluso, en la baja total de la plataforma.

De hecho, para asegurar la calidad en la experiencia del cliente TaskRabbit establece una serie de reglas tales como: aceptar el 75% de las invitaciones que el trabajador recibe para realizar tareas, completar el 85% de las tareas que se ha acordado asumir, y responder las invitaciones para realizar tareas en un tiempo de 30 minutos o inferior. Si un trabajador cae hasta el 10% de los trabajadores con peores resultados en estos criterios, puede no salir en los resultados de búsquedas de los clientes o pasar a un periodo de prueba. En caso de que los niveles no mejoren en los siguientes 30 días, el trabajador tendrá acceso reducido a tareas

---

[52] "Uber: UK tribunal rules drivers deserve minimum wage, holiday pay", http://www.abc.net.au/news/2016-10-29/uk-tribunal-rules-uber-drivers-deserve-workers-rights/7977208

[53] "Instacart Reclassifies Part of Its Workforce Amid Regulatory Pressure on Uber", http://www.bloomberg.com/news/articles/2015-06-22/instacart-reclassifies-part-of-its-workforce-amid-regulatory-pressure-on-uber

[54] "A Note from Shyp's CEO", http://blog.shyp.com/shyp-ceo-note/

durante un periodo de tiempo o, llegado el caso, perderá todos los privilegios.

Finalmente, Upwork, tiene un sistema denominado diario de trabajo que cada diez minutos captura instantáneas de la pantalla del profesional. Esto pretende ayudar a que el cliente verifique las horas facturadas y a que la plataforma se pronuncie en caso de desacuerdo entre cliente y profesional.

Los anteriores ejemplos coinciden con los criterios que la Comisión Europea plantea en su informe (Comisión Europea, 2016b) respecto a la determinación del grado en que una plataforma intermedia o presta servicios. Incluye la determinación de los precios y la existencia de condiciones contractuales clave, como instrucciones obligatorias para prestar los servicios. Añade la propiedad de activos clave, o sea si la plataforma es propietaria de activos básicos para prestar los servicios. Es lógico que estos criterios para determinar el tipo de plataforma sirvan para aclarar el rol de los prestadores de servicios en la misma, ya que estos últimos siempre resultan ser servicios basados en la actuación de personas.

La evidencia de que algunas plataformas no actúan como meros intermediarios ha generado fuertes críticas a la economía colaborativa y a la economía bajo demanda. Así, Aloisi (2015) habla de modelos de negocio basados en el trabajo de personas pero que no asumen las obligaciones y costes asociados que sí deben afrontar los empleadores tradicionales respecto a sus trabajadores. Todolí-Signes (2015a) advierte que los trabajadores de las plataformas no son empresarios que puedan negociar en igualdad de condiciones. Admite ventajas de esta nueva forma de trabajar (por ejemplo, la autonomía y la flexibilidad), pero concluye que este nuevo modelo de producción no debe estar basado en la explotación y degradación de la dignidad humana en el trabajo.

La relación de las plataformas con los proveedores de servicios presentes en las mismas es, como se ha visto, una cuestión clave para el éxito de la economía colaborativa. Sin estos trabajadores y su desempeño satisfactorio la plataforma no tendría actividad ni potencial para generarla. Ahora bien, de traspasarse lo que la legislación actual espera de una relación mercantil, las consecuencias pueden afectar al núcleo del negocio de la plataforma en cuestión. Si no, véase el caso de la plataforma EsLife (oferta de servicios de limpieza) que tuvo que cerrar tras enfrentarse una inspección laboral[55]. También mencionamos el caso de la plataforma Deliveroo que ha incluido una cláusula en los contratos de sus trabajadores por la cual éstos garantizan que no presentarán demandas afirmando ser empleados o trabajadores de la plataforma[56].

7.2 Los trabajadores en la economía colaborativa

Hasta ahora el análisis del trabajo que se ofrece en la economía colaborativa se ha basado, principalmente, en el estudio de la operativa de las plataformas intermediadoras. Un punto de vista complementario y relevante es el de los trabajadores, aunque apenas existe investigación basada en datos de los mismos.

En este ámbito, destaca el trabajo de Hall y Krueger (2015) basado, en parte, en la encuesta realizada por la empresa Benenson Strategy Group para Uber. Los autores destacan el fuerte crecimiento que ha experimentado el número de

---

[55] "El cierre de EsLife y las fronteras de la economía colaborativa", http://valenciaplaza.com/el-cierre-de-eslife-y-las-fronteras-de-la-economia-colaborativa

[56] "Los repartidores de Deliveroo no podrán exigir derechos laborales", http://www.ticbeat.com/empresa-b2b/los-repartidores-de-deliveroo-no-podran-exigir-derechos-laborales/

trabajadores que se unen a Uber. Durante los dos años analizados (2013 y 2014), la cifra de conductores nuevos se ha duplicado, como mínimo, cada seis meses. Así, en el mes de diciembre de 2014 casi 40.000 nuevos conductores ofrecieron sus servicios en la plataforma en Estados Unidos. En ese mes y en ese país, el número total de conductores que había realizado cuatro o más servicios mediante la plataforma era de 162.037. Según el estudio, los conductores usan Uber principalmente como una actividad temporal entre un trabajo y otro o como un trabajo permanente. Lo deducen del hecho de que, una vez dados de alta en la plataforma, el 70% de los conductores continua activo a los seis meses y que la mitad lo hacen pasado el año.

Como plantean los anteriores autores, los trabajadores en la economía colaborativa pueden trabajar a tiempo completo o a tiempo parcial y hacerlo de forma temporal o permanente. Los datos que manejan en este sentido se basan en una muestra de conductores de Uber. En la misma el 80% de los conductores tenía un trabajo a tiempo completo o a tiempo parcial antes de unirse a Uber. Solo un 8% estaba desempleado antes adherirse a la plataforma. Entre los que trabajan antes de unirse a Uber, el 81% afirmaban que tenían un trabajo permanente que mantendrían hasta que lo dejaran voluntariamente o fueran despedidos. Un tercio de los conductores no estaba buscando trabajo antes de unirse a Uber, lo que, según los autores, refleja lo atractivo que puede resultar esta plataforma como medio de trabajo.

La anterior muestra de conductores se reparte en tres categorías bastante uniformes de trabajadores: conductores que no tienen otro trabajo más que el de Uber (38%), los que aparte tienen un trabajo a tiempo completo (31%) y los que, también aparte, tienen un trabajo a tiempo parcial (30%). Contar con otra ocupación laboral condiciona claramente el tiempo dedicado al trabajo mediante Uber, ya que un tercio de los que lo hacían de forma exclusiva afirmaban conducir más de 35 horas a la semana, cifra que sólo alcanzaban un 13% y un 3% de los que tenían, además, un trabajo a tiempo completo y tiempo parcial, respectivamente.

Las tres razones más comunes que incitaron a los trabajadores a unirse a Uber fueron: tener más ingresos para sí mismos o para la familia (91%), ser sus propios jefes y fijar sus propios horarios (87%), y tener más flexibilidad y equilibrio entre el trabajo y la vida personal y familiar (85%). El 71% de los conductores afirmaba que Uber había contribuido a incrementar sus ingresos totales. Un 24% exponía que Uber era su única fuente de entradas, mientras que el resto tenía, además, otra fuente de ingresos. Finalmente, el 78% de los conductores encuestados respondieron estar satisfechos o muy satisfechos con Uber.

La investigación de De Groen *et al.* (2016) se basa en la plataforma belga ListMinut, orientada a ofertas tareas manuales o de trabajo físico (por ejemplo, cuidar el jardín, montar muebles, o cuidar mascotas). En el periodo que va de diciembre de 2013 a diciembre de 2015, los autores encontraron que la mayor parte de los trabajadores de la plataforma (94,6%) no habían desarrollado tarea alguna y, consecuentemente, tampoco habían obtenido ingresos. Los trabajadores eran relativamente jóvenes (más de la mitad eran menores de 30 años) y los ingresos totales logrados, por aquellos que habían trabajado durante los dos años contemplados, eran claramente insuficientes como medio de vida: la media de ingresos en el periodo estudiado fue de 200 euros, sólo el 9% había ganado más de 500 euros, y el máximo de ingresos generados fue 5.663 euros. La mayor parte de los trabajadores habían logrado sus ingresos mediante la realización de una única tarea (57%). El 27% de los mismos había desempeñado tres o más tareas y sólo un 2% había ejecutado un elevado número de las mismas (entre 20 y 78). Por otra parte, el 80% de las tareas ejecutadas tenían una duración de menos de cinco horas, siendo la duración más frecuente la que iba de dos a tres horas y la menos frecuente la superior a las 10 horas (5%). La mayor parte de las tareas que se realizaban en la plataforma pertenecían a las categorías de reparaciones en el hogar (31%) y jardinería (27%). Las únicas tareas que parecían requerir trabajo cualificado eran las relacionadas con la informática y la enseñanza, pero solo representaban el 6% y 4%, respectivamente, del total. Los autores concluyen que el trabajo mediante la plataforma es una fuente de ingresos complementarios, admitiendo que el tamaño de la misma y la fase inicial de desarrollo en la que se encuentra la economía bajo demanda podrían explicar sus hallazgos.

El estudio de Maselli y Fabo (2015) se diferencia del anterior en que investigaron el caso de CoContest una plataforma que intermedia trabajo que requiere una alta cualificación (diseño de interiores y arquitectura). La plataforma básicamente opera en Italia y Serbia. El 52% de los 1.008 profesionales registrados en esta en septiembre de 2015 habían realizado más de una tarea. Por término medio, estos trabajadores habían propuesto 4,8 proyectos, teniendo éxito (consiguiendo una compensación) cada 0,7 ocasiones. La media del total de ingresos logrados era 211 euros, 47 euros por trabajo propuesto, y los ingresos máximos logrados por un trabajador fueron 6.892 euros. Los autores estimaron el número de horas que los profesionales podrían haber dedicado a sus tareas y dedujeron unas ganancias brutas por hora de cinco euros. A partir del salario mensual medio en Italia y Serbia, Maselli y Fabo (2015) concluyeron que los profesionales italianos no pueden hacer de su trabajo en la plataforma un medio de vida, debido a la cantidad de horas que deberían dedicar al día. Sin embargo, los trabajadores serbios sí podrían lograrlo debido al menor salario mensual medio que tiene su país. A modo de conclusión comentan que la plataforma supone una forma de trabajo adecuada para profesionales noveles, que experimentan dificultades para conseguir encargos. También afirman que cuando la presencia física de los trabajadores no es relevante, los profesionales de zonas con salarios bajos resultan más competitivos que los que residen en sitios con salarios superiores.

Vázquez (2016) cita cifras provistas directamente por fundadores y responsables de algunas de las plataformas. Por ejemplo, Jerome Mechiers, presidente de Airbnb en España y Portugal indica que el ingreso promedio por anfitrión es de 220 euros al mes (entendemos que más que por anfitrión, probablemente haga referencia a por propiedad, ya que un anfitrión puede estar ofertando más de una propiedad simultáneamente) y que el 75% de los alquileres son espacios compartidos y no propiedades completas. A su vez, el fundador de Feastly da la cifra de ganancias de 70.000 dólares para uno de sus chefs en el año 2013.

Finalmente, un estudio realizado por Intuit y Emergent Research[57], basado en una muestra de 4.622 individuos presentes en diferentes plataformas propias de la denominada economía bajo demanda, concluye que estos trabajan una media de 40,4 horas semanales distribuidas de la siguiente forma: trabajo mediante una o más plataformas (34%), puesto de trabajo tradicional a tiempo completo o a tiempo parcial (30%), contratista o consultoría (19%), y actividad empresarial (14%). La principal razón por las que estas personas actúan en la economía colaborativa es para incrementar sus ingresos (63%). También aducen otros motivos como crear y controlar el horario (46%), una mayor flexibilidad en relación al trabajo y la familia (35%), y ser el propio jefe (32%).

---

[57] "How the On-Demand Economy Is Reshaping the 40-hour Work Week", http://investors.intuit.com/press-releases/press-release-details/2016/How-the-On-Demand-Economy-Is-Reshaping-the-40-hour-Work-Week/default.aspx

Aunque no explica la metodología seguida, el anterior estudio ofrece una clasificación de los trabajadores encuestados a partir de sus actitudes y motivaciones. El hecho de que surjan diferentes tipos de trabajadores apoya la idea de que los que participan en la economía colaborativa no son un grupo homogéneo. Los cinco grupos, de similar tamaño, son los siguientes:

- *Los constructores de negocio*. Principalmente están motivados por gestionar su propio negocio o ser sus propios jefes. Son los que con más probabilidad ya tienen un negocio y usan la economía bajo demanda para crecer.
- *Los profesionales de carrera*. Se trata de profesionales felices de construir una carrera mediante el trabajo independiente y despreocupados por los riesgos asociados al mismo. Respecto a los otros grupos, son los que generan una mayor parte de sus ingresos por su trabajo autónomo.
- *Los giggers complementarios*. Están fuertemente motivados por la seguridad económica y buscan complementar sus ingresos. La flexibilidad y sus intereses profesionales son menos importantes. Son los que con más probabilidad tienen aparte un puesto de trabajo en la economía tradicional.
- *Los apasionados*. Están motivados por la flexibilidad y la oportunidad de hacer algo con lo que disfrutan y son los que probablemente estén menos motivados por el dinero. Es un grupo relativamente bien educado y trabaja menos horas que el resto de los grupos.
- *Los sustituidores*. Los miembros de este grupo probablemente perdieron su puesto de trabajo y no logran encontrar un empleo en la economía tradicional.

Son los más propensos a estar involucrados en una plataforma bajo demanda y también es el grupo menos satisfecho con este trabajo.

Aunque no existen datos al respecto, sino evidencias consistentes en casos individuales, se ha planteado la posibilidad de que las personas figuren en distintas plataformas al objeto de configurar con ese tipo de presencia una ocupación laboral significativa. Vázquez (2016) describe el caso de un reportero que alquila su equipo profesional, parte de su vivienda y se plantea hacer lo mismo con su coche. Esta posibilidad ha recibido incluso un nombre: *platform stacking*[58]. Los promotores de la misma exponen que puede ser táctica o especializada, es decir, estar en varias plataformas que ofrecen el mismo tipo de servicios, (por ejemplo, estar en Uber y Lyft) o estratégica, o sea, distintas plataformas que se complementan, (por ejemplo, estar en Uber, TaskRabbit, Airbnb y SkillShare). Por ahora, está pendiente comprobar si realmente es un comportamiento extendido y los ingresos que ello supone.

Terminamos este apartado destacando la flexibilidad que proporciona el trabajo en la economía colaborativa (en cuanto a la organización y ejecución del mismo y del horario que conlleva), ya que son muchos los autores que la mencionan. Entre otros, Telles (2016), quien explica que las bajas barreras de entrada a este sector y el estar basado en activos comunes entre la población (por ejemplo, vivienda, coche, bicicleta, ordenador) son las principales causas de su popularidad.

---

[58] "Platform Stacking: How To Multiply Your Sharing Economy Salary", http://www.thecasualcapitalist.com/popular/platform-stacking-how-to-multiply-your-sharing-economy-salary/

7.3 La economía colaborativa como fuente de empleo

Hemos visto en secciones anteriores que hoy en día hay cientos (o miles) de plataformas que entrarían dentro del concepto de la economía colaborativa y que podemos encontrarlas casi en cualquier sector de actividad, en cualquier ámbito. Lo que no sabemos es si todas estas plataformas están funcionando realmente, y generando un volumen importante de transacciones, o si la gran mayoría acabarán desapareciendo en unos años, tal y como pasó con muchas plataformas dedicadas a la economía de la compartición puramente dicha.

También hemos citado una elevada predisposición de la población en general tanto para utilizar las plataformas desde el lado del proveedor (ofreciendo algún tipo de bien o servicio) como desde el lado del consumidor (siendo cliente de alguna de estas plataformas). Por último, también hemos apuntado algunas cifras que proyectan un crecimiento muy fuerte del sector en los próximos 10 años.

Con todos estos datos en la mano, queremos en esta sección reflexionar sobre el impacto que la economía colaborativa puede tener en el empleo a nivel global.

En primer lugar, hay que tener en cuenta que, aunque el tamaño de la economía globalmente, en general, puede crecer, no estimamos que este crecimiento vaya a ser muy importante. Al aparecer nuevos productos y servicios en la economía colaborativa que realizan funciones similares a lo que antes eran productos tradicionales (por ejemplo, Airbnb y hoteles; Uber y taxi) es posible que el tamaño total del sector crezca, pero probablemente este crecimiento sea moderado.

Algún caso habrá de gente que ahora viaje porque encuentre una nueva opción que antes no estaba disponible, o bien que el precio sea más acorde a sus necesidades. Aun así, entendemos que en muchos casos lo que se producirá es una sustitución de un servicio tradicional por uno de la economía colaborativa. Por lo tanto, a medida que crezca esta última, creemos que sería lógico estimar que se producirá una disminución o reducción de los sectores tradicionales y de los empleos que generan. Al respecto Zervas, Proserpio y Byers (2016) encuentran que, en Austin (Texas), Airbnb afecta negativamente los ingresos por habitación de los hoteles más baratos, mientras que no influye en los de los más caros. Podría pensarse, por tanto, que pueden desplazar el empleo de este tipo de hoteles.

La duda que queda es si en la economía colaborativa se puede llegar a generar empleos a tiempo completo o si se trata de un tipo de economía en la que, principalmente, lo que hay son pequeños encargos que solo en casos muy específicos pueden dar lugar a un empleo a tiempo completo con ingresos suficientes para vivir.

Resolver esta cuestión no es trivial, pero desgraciadamente no existen demasiados datos reales y contrastados al respecto. Fang, Ye, y Law (2016), en diferentes condados de Ohio, comprueban que la presencia de Airbnb en los años 2009-2013 ha tenido un efecto positivo en el empleo turístico (no se ofrece información sobre el tipo de empleo). Esta influencia la atribuyen a la mayor estancia de los visitantes de Airbnb y al tirón que genera en otros servicios como el comercio y la restauración. No obstante, también comprueban como a medida que se incrementa la presencia de Airbnb el efecto positivo en el empleo disminuye. Una explicación que ofrecen, basada en los resultados de Zervas, Proserpio y Byers (2016), es la reducción generada en el empleo de los hoteles más baratos.

Las investigaciones descritas en la sección anterior reflejan que el trabajo en la economía colaborativa es básicamente trabajo a tiempo parcial y que genera ingresos insuficientes para, por sí solos, constituir un medio de vida. Existe información de tipo anecdótico que refleja que, en el caso del alojamiento, la economía colaborativa puede generar ingresos sustanciales. Cócola Gant (2016) cita un caso de 3.000 euros de ingresos mensuales por un apartamento turístico con dos habitaciones en la ciudad de Barcelona. Asimismo, en el programa de Televisión Española Comando Actualidad aparece el caso de una persona que se dedica de manera exclusiva a la gestión que conlleva el alojamiento de siete viviendas a través de `Airbnb`[59]. Por último, también está el caso de una proveedora de servicios (nombre de perfil, reddhorrocks) en `Fiverr`, que cuenta con más de 15.000 valoraciones y que afirma estar obteniendo unos ingresos de 150.000 dólares al año.

No obstante, los estudios más exhaustivos reflejan una realidad diferente. La encuesta realizada por ING en diferentes países de Europa[60] informa que los ingresos anuales medios en 2014, proporcionados por la economía colaborativa, fueron 2.500 euros. No obstante, los autores del estudio señalan que, dada la dispersión encontrada en los datos, la mediana de 300 euros refleja de manera más realista los ingresos anuales de los encuestados.

A las anteriores conclusiones, podemos añadir los resultados de un estudio nuestro, que se encuentra en vías de publicación, basado en una plataforma de economía bajo demanda de mayor tamaño (`TaskRabbit`) que las consideradas en los estudios previos. A partir de una muestra de trabajadores activos (consideramos como tal aquel que ha realizado un mínimo de 25

---

[59] "Trueque o negocio", http://www.rtve.es/alacarta/videos/comando-actualidad/comando-actualidad-trueque-negocio/3627419/

[60] "The European sharing economy set to grow by a third in the next 12 months", http://www.ing.com/Newsroom/All-news/European-sharing-economy-to-grow-by-a-third-in-the-next-12-months.htm

tareas) se determinó una media total de tareas realizadas por trabajador de 240 (ver cuadro 7.1).

Cuadro 7.1. Estadísticas de número de tareas en función del año en que los trabajadores se unieron a la plataforma

Año	N°	Media tareas	Desv. típica	Mediana	Máximo	Mínimo	Percentil 75
2009	1	1.767,00	--	--	--	--	--
2010	1	1.430,00	--	--	--	--	--
2011	2	894,00	478,00	894	1.232	556	--
2012	7	397,14	364,50	159	954	52	694
2013	48	414,18	310,04	351	1.628	29	549,50
2014	74	253,85	212,86	205,50	1.029	33	316,50
2015	157	147,63	112,08	113	620	25	186
TOTAL	290	240,16	252,40	151	1.767	25	314,25

Fuente: elaboración propia

El máximo de tareas realizadas por un trabajador fue 1.767. Tomando como referencia al trabajador que se localizaba en el percentil 75, en cuanto al número total de tareas realizadas, se le estimaron unos ingresos brutos totales de 45.348,55 dólares (hay que tener en cuenta que la plataforma detrae entre un 15% y un 30% de los ingresos generados). Esta cifra también correspondería a sus ingresos anuales, ya que este trabajador se incorporó a la plataforma en 2015. A su vez, al trabajador que se situaba en la mediana en el total de tareas se le calcularon unas ganancias brutas totales (que también serían anuales por el mismo motivo que para el anterior trabajador) de 15.077,98 dólares.

Aunque la carga de trabajo y los ingresos son superiores a los encontrados en los estudios existentes hasta la fecha, las cifras apoyan la idea de que, en general, el trabajo en plataformas de economía bajo demanda supone una ocupación a tiempo parcial que necesita de otros ingresos para sobrevivir. Hay que tener en cuenta que, además de las tarifas de las plataformas, los trabajadores deben costear su contribución a la seguridad social, lo que unido a otros posibles impuestos (por ejemplo, el impuesto sobre la renta de las personas físicas) hace que los ingresos netos sean posiblemente inferiores a las cantidades señaladas.

El Flash Eurobarometer 438 (TNS Political & Social, 2016) incluye datos de diferentes fuentes que coinciden con las opiniones descritas. Así, el 22% de la población estadounidense ha trabajado en la economía colaborativa. A su vez, los ingresos que la misma proporciona suponen menos de la mitad de los ingresos del hogar en el 58% de los casos. En cuanto a por qué se participa como proveedor en la economía colaborativa, las motivaciones económicas son las principales razones, seguidas de la flexibilidad e independencia que proporcionan esta forma de trabajo.

Finalmente, en cuanto al valor del trabajo (es decir, cuánto se paga por el mismo) proporcionado por la economía colaborativa, en comparación al encontrado en el mercado tradicional, tampoco se cuenta con suficiente información para plantear conclusiones seguras. En este sentido, el estudio de De Groen *et al.* (2016) muestra que no existen diferencias significativas o que, de haberlas, se dan principalmente en favor del trabajo generado por la economía colaborativa. Así, el cuadro 7.2 recoge la media de ingresos brutos por hora, según el tipo de tarea, generados mediante la plataforma analizada y el salario medio en el mercado de trabajo tradicional.

Cuadro 7.2. Ingresos brutos medios por hora en una plataforma de economía colaborativa y en el mercado de trabajo tradicional

Tareas	Plataforma	Mercado tradicional	Diferencia
Reparaciones hogar	17,50 €	12,70 €	+ 37,8 %
Animales	26,00 €	10,82 €	+ 140,3 %
Trabajo doméstico	10,50 €	8,20 €	+ 28,0 %
Enseñanza	15,00 €	13,06 €	+ 14,9 %
Eventos	13,00 €	12,12 €	+ 7,3 %
Jardinería	13,00 €	11,35 €	+ 14,5 %
Transporte	17,50 €	10,94 €	+ 60,0 %
Informática	14,00 €	12,51 €	+ 12,0 %
Cuidado de niños	7,67 €	10,78 €	- 28,8 %
Wellness	26,00 €	10,29 €	+ 152,7 %

Fuente: De Groen *et al.* (2016)

7.4 Las prestaciones sociales y la protección del trabajador en la economía colaborativa

La realidad muestra que las personas que trabajan en la economía colaborativa lo hacen en la condición laboral de autónomos. Aunque los países difieren en cuanto a la regulación del trabajo, los trabajadores autónomos se caracterizan por tener que sufragar la totalidad de las contribuciones que dan acceso a las prestaciones sanitarias y por jubilación.

En el caso de EE.UU. el acceso a los servicios sanitarios está ligado a la situación de empleo, de forma que, si se está desocupado, y no se tienen recursos para pagar un seguro de salud, las personas están desatendidas. Siendo esta la situación, no es de extrañar que el 72% de los trabajadores estadounidenses de la economía colaborativa opinen que su ocupación debería proporcionar más beneficios sociales, y que el 68% manifieste carecer de la red de seguridad financiera que tienen otros trabajadores. De hecho, los trabadores de la economía colaborativa están divididos en cuanto a preferir la flexibilidad que caracteriza el trabajo en la economía colaborativa (43%) o decantarse por la seguridad que caracteriza al trabajo tradicional para una empresa (41%)[61]. Asimismo, de acuerdo con el estudio de Intuit y Emergent Research citado en el apartado 7.2, entre las principales preocupaciones de estos trabajadores se encuentran lograr trabajo suficiente (57%) y la imprevisión en cuanto a ingresos (50%).

La situación legal de los trabajadores de la economía colaborativa junto con la parcialidad que, según las evidencias, parece ser que conlleva esta ocupación, ha puesto sobre la mesa declaraciones referidas a la necesidad de adaptar la actual regulación laboral. Todolí-Signes (2015b) advierte de la importancia de hacerlo cuanto antes, a fin de evitar que se institucionalicen prácticas difíciles de modificar o de permitir la creación de un modelo de negocio basado en costes bajos que elimine a la actividad económica tradicional. El encuentro Ouishare en España de octubre de 2016 concluyó destacando las condiciones precarias del trabajo en la economía colaborativa. En consecuencia, se reclamó la necesidad de adaptar la actual legislación laboral al tipo de trabajo que se realiza en esta economía, con medidas como la simplificación del alta del

---

[61] "Forty-Five Million Americans Say They Have Worked in the On-Demand Economy, While 86.5 Million Have Used It, According to New Survey", http://www.burson-marsteller.com/what-we-do/our-thinking/on-demand/ondemand/press-release/

trabajador y la cotización a la seguridad social en función de los ingresos o de las horas trabajadas[62].

El Flash Eurobarometer 438 de 2016 concluye que se necesita más investigación para valorar el impacto de la economía colaborativa en el total del empleo. En la medida que su importancia sea significativa la necesidad de crear un marco legal específico será mayor. El mismo estudio refleja que los trabajadores desean de las plataformas un papel más comprometido que el de mero intermediario. Así, el 72% cree que estas deberían compensar a los trabajadores por algunos gastos relacionados con el trabajo y el 62% que también tendrían que ofrecerles formación. Por tanto, parece que trabajar satisfactoriamente en la economía colaborativa pasa por mejorar la cobertura de las necesidades sociales de los trabajadores, ya que los ingresos que produce el trabajo no son suficientes en este aspecto.

Respecto a la organización de los trabajadores, los sindicatos en la economía colaborativa están mayoritariamente ausentes. El único sector en el que han tenido un papel más activo es en el de transporte de viajeros y, concretamente, con la empresa Uber. No es extraño que así sea, ya que precisamente es esta plataforma la que suele usarse como referencia cuando se critica el rol de trabajador autónomo que asume el trabajador en la economía colaborativa. Los conductores de esta plataforma se han organizado en diferentes grupos de trabajadores hasta que finalmente la empresa ha reconocido en 2016 a uno de estos como interlocutor en la ciudad de Nueva York[63].

---

[62] "La economía colaborativa pide normas propias para tutelar a los autónomos", http://www.lavanguardia.com/economia/20161031/411455377917/economia-colaborativa-pide-normativa-laboral-propia.html

[63] "Uber Recognizes New York Drivers' Group, Short of a Union", http://www.nytimes.com/2016/05/11/technology/uber-agrees-to-union-deal-in-new-york.html

Esta asociación ha sido promovida por la propia empresa al objeto de proteger, apoyar y conectar los trabajadores en la economía colaborativa[64]. Dado que, en principio, puede parecer contradictorio, se ha interpretado como un movimiento de la empresa para minimizar los frecuentes problemas legales, en lo referido a su relación con los conductores, a los que se enfrenta. Al ser una asociación de profesionales independientes, y no un sindicato de trabajadores por cuenta ajena, esta asociación no tendrá la potestad de negociar los elementos del contrato que vincula a los conductores con la plataforma, pero esta afirma que considerará sus opiniones.

En cualquier caso, dadas las opiniones antes comentadas respecto a la necesidad de una mejor protección social de los trabajadores, es de suponer que una expansión del trabajo en plataformas de economía colaborativa suscitará una mayor implicación por parte de los sindicatos. De esta forma, es previsible que el tema de las prestaciones sociales sea una de las cuestiones más discutidas en los próximos tiempos.

A modo de ejemplo de este potencial incremento en la asociación y organización de los trabajadores, podemos encontrar lo ocurrido en Italia con la plataforma Foodora, dedicada a servicios de reparto de comida de restaurantes. Ante la ausencia derechos como un salario mínimo, la cobertura en situaciones de baja por enfermedad, o las vacaciones pagadas, los repartidores se movilizaron y manifestaron, implicando a los sindicatos en sus reivindicaciones, logrando la adhesión de varios de los restaurantes, y captando la atención de los medios de comunicación[65].

---

[64] "Uber's Quasi Union Could Be a Faustian Bargain for Drivers", http://observer.com/2016/05/ubers-quasi-union-could-be-a-faustian-bargain-for-drivers/

La solución a este debate dependerá del esclarecimiento de los modelos de funcionamiento en la economía colaborativa y de la definición de una normativa, tanto nacional como comunitaria, que recoja las especificidades de las actividades que se llevan a cabo en la misma.

Finalmente, a modo de síntesis de lo que implica trabajar en la economía colaborativa hemos elaborado el cuadro 7.3. Su contenido está basado en todo lo tratado en este capítulo, y en otros apartados anteriores, que, como se habrá podido comprobar, hace difícil fijar características sin complementarlas con matizaciones. Así, cuando aparece la autonomía ya hemos comentado como esta no lo es tanto en el caso de los conductores de Uber, aunque sí en el de otras plataformas. De la misma manera, la cuestión referida a la importancia de los ingresos como medio de vida está en función del tipo de trabajo (presencial o no presencial) y de la residencia física del trabajador (salario medio de su localidad). En cuanto al resto del contenido del cuadro, solo comentaremos la inseguridad y la transparencia, dado que el resto de características ya se han tratado.

La inseguridad, o incertidumbre, se refiere a que en la mayor parte de los casos es probable que las personas no sepan qué trabajo van a tener dentro de un mes o más allá. El tipo del trabajo que se demanda refleja que pocos serán los casos con encargos que duren más allá de este periodo. Por el contrario, en el caso de las personas con más carga de trabajo la situación más frecuente será la de atender solicitudes hechas cada semana. A medida que avance la investigación en este ámbito se irá confirmando, o no, lo que en estos momentos se puede deducir del tipo de trabajo que se intercambia.

---

[65] "Foodora strikes in Italy – the dark side of the sharing economy", https://strugglesinitaly.wordpress.com/2016/10/30/foodora-strikes-in-italy-the-dark-side-of-the-sharing-economy/

En cuanto a la transparencia del trabajo que se desarrolla en la economía colaborativa es un hecho fácil de contrastar. Como mínimo, las plataformas asocian a cada trabajador los comentarios y valoraciones de sus clientes y, en algunos casos, añaden datos sobre la cantidad de trabajos realizados o de clientes con los que ha trabajado.

Cuadro 7.3. El trabajo en la economía colaborativa

- Autónomo
- A tiempo parcial
- Condicionado por las reglas de las plataformas
- Como fuente de ingresos complementarios
- Tareas de corta duración
- Inseguridad
- Baja protección social
- Transparente
- Flexible

Fuente: elaboración propia

8 Formación para trabajar en la economía colaborativa

Desde el punto de vista de la persona, tener éxito en la economía colaborativa presupone un punto de partida: contar con un activo o habilidad disponible que poner en el mercado. Aparte, el contenido de las secciones anteriores permite inferir que los trabajadores, independientemente de las habilidades específicas asociadas a sus recursos de propiedad o de capital humano, deben tener una serie de destrezas adicionales.

Sin pretender ser exhaustivos, a continuación se comentan las que se consideran más relevantes y que son susceptibles de adquirir mediante la formación (cuadro 8.1). Una aproximación a las mismas, centrada en la actividad turística y con un enfoque de competencias, también se ha abordado en un artículo publicado por los autores de este libro (Melián-González y Bulchand-Gidumal, 2015).

Cuadro 8.1. Habilidades necesarias para trabajar en la economía colaborativa

Habilidades dirigidas a la satisfacción del cliente
Habilidades comunicativas
Habilidades de gestión económica
Habilidades de planificación del trabajo
Habilidades tecnológicas
Habilidades relacionadas con el ámbito legal
Habilidades relacionadas con las demandas del mercado

Fuente: elaboración propia

a) Habilidades dirigidas a la satisfacción del cliente

La economía colaborativa se caracteriza por basarse en la reputación digital, reflejada en los comentarios y puntuaciones que otorgan los clientes a los proveedores, como mecanismo para reducir la inseguridad que puedan percibir los consumidores. Por tanto, conseguir buenas valoraciones de clientes y evitar las negativas es esencial para tener éxito. Hay que tener en cuenta que las personas sobrevaloran los datos o la información negativa respecto a la positiva (Rozin y Royzman, 2001), por lo que unos pocos comentarios negativos pueden reducir significativamente las probabilidades de éxito.

Si se observa cómo se miden las opiniones de los clientes en la economía colaborativa, se verá que se adoptan formatos similares a la medición de un concepto clave en marketing: la satisfacción del cliente. La importancia de la misma viene dada por su incidencia en el consumo.

Globalmente, el enfoque predominante para explicar la satisfacción del cliente ha sido el cognitivo: la satisfacción es el resultado de la evaluación del producto o servicio experimentado en su totalidad o en relación a una serie de características (Martínez-Tur, Peiró y Ramos, 2001).

Algunos de los portales adoptan el anterior enfoque, al pedir a los clientes que puntúen el servicio del trabajador en relación a una serie de atributos (por ejemplo, Airbnb pide a los clientes valoraciones de los anfitriones en cuanto a veracidad, comunicación, limpieza, ubicación, llegada, y calidad). En este sentido, los trabajadores deberían tener las habilidades y motivación adecuadas para resultar bien puntuados en estos factores conocidos de antemano.

A su vez, los portales también dan la opción de hacer comentarios libres, sin necesidad de atenerse a un guion prestablecido. También, muchos piden una sola puntuación basada en una escala global de satisfacción del cliente (por ejemplo, Upwork, TaskRabbit, Trip4real, Nidmi). En estos casos no hay factores específicos que permitan guiar el comportamiento del trabajador. Ante la ausencia de estos criterios, los trabajadores deberían saber cómo conseguir buenos comentarios y puntuaciones globales. Para ello deberían tener, por ejemplo, habilidades relacionadas con lo que determina la satisfacción de los clientes: ajuste a las expectativas, calidad del servicio, valor del servicio, y las emociones experimentadas (Oliver, 2006). En relación a todas estas cuestiones, es habitual que las plataformas ofrezcan consejos relacionados con cómo conseguir valoraciones y opiniones favorables.

Por último, mencionar que Airbnb también permite que los proveedores valoren a los huéspedes en función de su limpieza o cumplimiento de las normas de la casa, entre otras cuestiones, recomendándolos o no de esta forma a otros anfitriones. Esta recomendación funciona así en un doble sentido y a modo de red social, pues en muchos casos los anfitriones actuarán también en el futuro como huéspedes y viceversa.

b) Habilidades comunicativas

Los trabajadores en la economía colaborativa deben comunicarse con los clientes, tanto de manera presencial como por escrito, en diferentes momentos. El primero es el referido a la oferta de sus servicios. Las plataformas insisten en la necesidad de hacerlo con esmero, detalle y de manera que genere interés. Algunas plataformas basan esta comunicación exclusivamente en el lenguaje escrito, mientras que otras (por ejemplo, Trip4real, Etsy y Airbnb) solicitan, además, que se pongan imágenes representativas del trabajo de las personas o de los bienes que van a alquilar. Hay que tener en cuenta que los trabajadores compiten directamente entre ellos, ya que lo habitual es que el consumidor compare unos con otros antes de tener un primer contacto y que, en general, la oferta supera ampliamente a la demanda.

El resto de comunicaciones con el cliente están basadas en la interacción con el mismo. Por ello, los trabajadores deberían conocer y comprender los determinantes de los encuentros de servicios exitosos, tanto presenciales como virtuales, que la literatura ha confirmado (Bitner, Booms y Tetreault, 1990; Bitner, Brown y Meuter, 2000). Por ejemplo, adaptación a las necesidades del cliente, reacciones ante fallos en el servicio, anticipación a los deseos del cliente, entre otras.

Las interacciones, y la necesidad de aportar habilidades comunicativas a las mismas, son varias. Desde la respuesta a una primera solicitud de servicio, pasando por la interacción dinámica con el cliente que conlleva el encuentro presencial, el uso del chat o de la video llamada que muchas plataformas ofrecen, hasta la relación postventa. Todos estos encuentros precisan de habilidades relacionadas con la comunicación.

c) Habilidades de gestión económica

Muchas plataformas permiten que sean los trabajadores los que fijen los precios a sus servicios. Estos precios pueden ser tarifas horarias o presupuestos cerrados en función de la tarea o servicio demandado. Por tanto, la destreza para fijar una cifra competitiva y que, a la vez, compense por el trabajo realizado es clave. Esto es realmente relevante tanto cuando se presupuesta en base a precios fijos totales por la actividad encargada como cuando se hace por horas de trabajo.

Hay que tener en cuenta que, aunque la economía colaborativa se asocia muchas veces a microtareas (tareas de muy corta duración), no siempre tiene que ser así. En Upwork, por ejemplo, no es difícil encontrar trabajos realizados por un valor de más de 1.000 dólares. Igualmente, en la misma plataforma, puede observarse como los trabajadores modifican sus tarifas horarias cuando el trabajo se paga por horas, ya que hay encargos que requieren más horas de trabajo que otros. Además, en caso de discrepancia por parte del cliente, en relación al valor del trabajo entregado, las plataformas piden a los trabajadores que justifiquen económicamente su trabajo.

d) Habilidades de planificación del trabajo

Es habitual que las plataformas de la economía colaborativa hagan saber a los trabajadores la importancia que los clientes dan al cumplimiento de los plazos acordados. A su vez, también les piden que respondan de manera rápida a las solicitudes de los consumidores.

Además, como ya se ha comentado, rechazar peticiones de colaboración no está bien visto por las plataformas. De esta manera, es probable que se superpongan unas tareas con otras, siendo necesario que los trabajadores coordinen los tiempos que implican la ejecución de las mismas.

e) Habilidades tecnológicas

Las plataformas suelen contar con aplicaciones web y móviles que los trabajadores deben usar. En principio su funcionamiento no es complejo si se está acostumbrado a trabajar con este tipo de aplicaciones. En caso contrario, los trabajadores deberían familiarizarse con esta forma de interacción tecnológica.

Adicionalmente, y dado que algunos portales están requiriendo que los trabajadores incorporen material gráfico sobre el trabajo que realizan o sobre los bienes que alquilan, es posible que se requiera algún conocimiento específico respecto a su edición.

f) Habilidades relacionadas con el ámbito legal

Hasta la fecha, el estatus legal de los trabajadores en la economía colaborativa es el de profesionales autónomos. A su vez, dado lo reciente que es la actividad económica propia de esta economía, estas personas van a encontrarse con que la normativa existente, por lo menos hasta el presente, se ha elaborado pensando en la economía tradicional.

A muchos proveedores de la economía colaborativa puede resultarles complejo cumplir con los requisitos legales y de no hacerlo estarían practicando la economía sumergida. Es una cuestión compleja ya que la normativa difiere entre países, e incluso, en casos como el de España, la normativa sectorial puede presentar diferencias a nivel de comunidades autónomas, tal y como ocurre con la regulación que ha experimentado la vivienda vacacional.

Si nos centramos en España, excluyendo la actividad de alquiler vacacional, por la mera condición de trabajadores autónomos, estos trabajadores deberían darse de alta en el Censo de Empresarios, Profesionales y Retenedores de la Agencia Tributaria. Esto implicaría la realización de facturas, la inclusión del IVA en las mismas y su ingreso trimestral en la Agencia Tributaria. A su vez, también deberían declarar esos ingresos en el impuesto de la renta de las personas físicas e incluir los gastos que podrían considerarse deducibles. Por otra parte, también estaría la cuestión controvertida de en qué casos deberían pagar la correspondiente cotización a la seguridad social en calidad de trabajadores autónomos.

g) Habilidades relacionadas con las demandas del mercado

Las actividades que se desarrollan en la economía colaborativa van dirigidas directamente al consumidor, por lo que comprender las demandas y tendencias del mercado son cuestiones importantes. La abundancia que encuentran los clientes, tanto en internet como en cada uno de estos portales, requiere realizar ofertas lo más ajustadas a sus preferencias y, a su vez, adaptarlas tanto a los cambios en sus gustos como a la evolución que experimenta la actividad en este mercado. Así, los proveedores de la economía colaborativa deberían ser capaces de recabar información por parte de los clientes y realizar un análisis de lo que ofrecen otros trabajadores de éxito.

9 Economía colaborativa y cambios sociales y medioambientales

Dedicamos este capítulo a analizar el impacto que la economía colaborativa tiene en las sociedades y sectores en los que se implanta. Entre otras cuestiones, trataremos en qué medida cambia el rol de las empresas tradicionales, la mayor flexibilidad del modelo de la economía colaborativa, el impacto que puede tener en caso de que las estructuras de soporte no estén adecuadamente preparadas, y la influencia de la economía colaborativa en la sostenibilidad y la distribución de la riqueza, así como en el entorno geográfico.

9.1 Las empresas en la economía colaborativa

Creemos que sería interesante tratar de esbozar cuál podría ser la organización de la producción económica dentro de unos años si el ritmo de cambios se mantiene. En este sentido, hay que tener en cuenta que la gran estructura de producción de los siglos XIX y XX fue la empresa. Además, la teoría era que a mayor la empresa, mayores eran las sinergias que podía obtener y, por lo tanto, más baratos eran sus productos y mejor su situación competitiva. Es cierto que, al crecer el tamaño de la organización, la necesidad de coordinación aumenta y, por ello, los costes asociados a esta coordinación. No obstante, este aumento de costes se compensaba sobradamente con las sinergias que se obtenían.

Así, si una empresa fabricaba un millón de bolígrafos al año, cada bolígrafo tenía un precio. Pero si la empresa se expandía y vendía en varios países, alcanzando una cifra de 10 millones de bolígrafos, el coste marginal podría reducirse y, por ende, podrían aumentar los beneficios. Y así hasta el infinito. Crecer era el mantra de la época industrial.

Bajo el anterior paradigma de la sociedad industrial, nacieron las grandes corporaciones multinacionales e, incluso, y en gran medida, el concepto de la globalización. Coca-Cola, Sony, Nike o Nestlé, entre otras, son ejemplos de este modelo.

Frente al concepto anterior, y con el auge de la economía colaborativa, el siglo XXI podría ser el siglo de la abundancia en cuanto a la diversidad de opciones de consumo en el tiempo, espacio y experiencias, por lo que dará una mayor cabida a las microempresas, a los individuos y a las microtareas como forma de producción. En este contexto, en muchos ámbitos y sectores aparecerá todo un espectro de opciones, desde el trabajador individual hasta la gran corporación. En la mayoría de los casos seguirá existiendo una empresa, la propietaria de la plataforma digital del sector, que sí tendrá un tamaño considerable.

Alcanzar un cierto tamaño en una misma categoría de oferta seguirá siendo importante, sobre todo en su dimensión de conocimiento-tecnología, capacidad relacional y de gestión de la red de proveedores y clientes, lo que hará que los requerimientos de atracción de capital para alcanzar esa dimensión creciente sean clave. Es decir, el ganador se lo lleva todo o casi todo. La plataforma expandirá su negocio principalmente a partir de su conocimiento analítico de datos de los clientes y activación de nuevos modos de oferta de servicios muy granulados a la medida de microsegmentos de clientes.

Por ejemplo, en el sector del alojamiento turístico estamos observando ya como el espectro de posibilidades se ha ampliado en los últimos años. Creemos que sería erróneo pensar que los hoteles y las cadenas hoteleras tradicionales, paradigmas del turismo industrial podríamos decir, vayan a desaparecer. A nuestro juicio, los nuevos modelos de alojamiento turístico lo que están haciendo es completar la figura, ofreciendo nuevas opciones que complementan las anteriormente existentes.

Así, tenemos ya la posibilidad de alojarnos en casa de un familiar o de un amigo, alquilar una habitación compartida o una habitación individual en casa de un particular, alquilar una casa completa, alquilar una de las varias casas que posee un individuo, alquilar una casa a una agencia que maneja una cartera de 20 o 30 apartamentos, acudir a un hotel sencillo y de bajo coste, alojarnos en un hotel boutique, o dormir en una habitación de un hotel que pertenece a una gran cadena hotelera.

Todas las opciones anteriores seguirán existiendo. Será habitual que una misma persona opte por modelos distintos en función del viaje que esté llevando a cabo. Quizás para un viaje de trabajo en el que necesitamos dormir una noche, y que sabemos que llegaremos tarde al alojamiento y saldremos temprano al día siguiente, prefiramos el modelo más impersonal e industrial de un hotel perteneciente a una gran cadena. Mientras que, en otro viaje familiar, orientado a descubrir una ciudad durante una semana, podremos optar por alquilar un apartamento singular y poder entrar en contacto con el residente local.

Si se analiza esta situación desde el punto de vista del proveedor, también se observará un amplio espectro. Habrá trabajadores que realizarán distintas tareas para varias plataformas a lo largo del mes (por ejemplo, alquilar un apartamento, conducir un vehículo, realizar tareas manuales, etc.) obteniendo por cada una de ellas un pequeño ingreso. También podrán darse los casos en los que llevaremos a cabo, de forma autónoma, solo una de estas tareas a tiempo completo, así como las situaciones en las que trabajaremos en exclusiva por cuenta ajena para empresas pequeñas, medianas, grandes o para corporaciones multinacionales y otras en las que se hará a tiempo parcial y se combinará con una o más actividades en la economía colaborativa.

En este escenario futuro que planteamos de mayor desarrollo de la economía colaborativa, y de presencia de la misma en sectores en los que hasta ahora tiene poca o nula actividad, cabría preguntarse en qué medida y en qué ámbitos seguirán siendo necesarias las empresas, desde las pymes hasta las grandes empresas características del siglo XX.

En parte la respuesta ya fue dada anteriormente. A nuestro juicio, y al igual que ha ocurrido con la mayoría de los casos en que han aparecido nuevas tecnologías, la economía colaborativa no sustituirá, sino que complementará, a los modelos empresariales tradicionales.

YouTube no ha sustituido sino complementado a la televisión. Al llegar a casa por la noche, un día preferiremos ver la tele y otro día optaremos por ver vídeos en YouTube. Incluso, en ocasiones, veremos estos vídeos de YouTube utilizando la aplicación correspondiente en el smartTV del salón.

De igual forma, y como veíamos en el caso del alojamiento turístico, las distintas opciones se complementarán y elegiremos cada una en función de nuestras necesidades en cada tipo de viaje.

Creemos que en otros ámbitos se puede dar un comportamiento similar, de forma que la economía colaborativa se quedará con un pedazo de la tarta de cada uno de los sectores, complementando las opciones ya existentes. Esta situación puede ser propiciada por el comportamiento del consumidor, pero también por las mismas empresas tradicionales que encuentran en la economía colaborativa una forma de mejorar su negocio. Con eso último nos referimos a casos de cooperación como el que se da entre la agencia especializada en viajes de empresa American Express Global Business Travel (GBT) y Airbnb. Ambas compañías han firmado un acuerdo mediante el cual GBT ofrecerá a sus empresas clientes las viviendas disponibles en Airbnb. Esta última plataforma tiene previsto suscribir acuerdos también con BCD Travel y Carlson Wagonlit Travel[66].

También es verdad que, en ocasiones, la economía colaborativa no se quedará con parte de lo ya existente en un sector, sino que generará nuevas oportunidades y dará lugar a un aumento del tamaño del sector. Así, es creíble pensar que, en el caso del alojamiento turístico, la economía colaborativa ha generado nuevas oportunidades. Gente que antes no hubiera viajado por no encontrar una opción acorde a sus necesidades, ahora encuentra la posibilidad de hacerlo.

De igual forma, en el ámbito del transporte, BlaBlaCar tiene expectativas de convertir India en su mayor mercado para el desarrollo de viajes compartidos[67], ya que entiende que es un

---

[66] "Las grandes agencias corporativas ofrecerán los pisos de Airbnb", http://www.hosteltur.com/117096_american-express-ofrecera-sus-clientes-empresa-pisos-airbnb.html

[67] "BlaBlaCar: India could soon be our biggest market", http://timesofindia.indiatimes.com/tech/tech-news/BlaBlaCar-India-could-soon-be-our-biggest-market/articleshow/51873962.cms

modelo que podrá llegar a ofrecer servicios en dicho país que actualmente ningún medio de transporte de los existentes es capaz de ofrecer.

En resumen, creemos que es razonable afirmar que las empresas, de cualquier tamaño, seguirán existiendo y conviviendo con los modelos de economía colaborativa. En unos casos, la economía colaborativa sustituirá parte de lo que hacían estas empresas. En otros casos, lo complementará. Y en otros casos, por último, creará nuevas oportunidades hasta ahora inexistentes haciendo crecer el tamaño total del sector.

Resumimos estas cuestiones en la figura 9.1. En la misma se puede observar cómo impacta la economía colaborativa en el tamaño y configuración de la economía, incluyendo tanto la tradicional y reglada como la economía informal. Este impacto puede ser trasladado a cualquier sector de aquellos en los que opera la economía colaborativa. Por un lado, podemos observar que el tamaño total del sector se incrementará: al haber más opciones, se darán más posibilidades de consumo. Por otro lado, la economía colaborativa sustituirá a parte de lo que venía desarrollándose en la economía tradicional. Y, por último, también sustituirá parte de lo que venía haciéndose en la economía informal.

Figura 9.1. Impacto de la economía colaborativa en la economía tradicional y en la economía informal

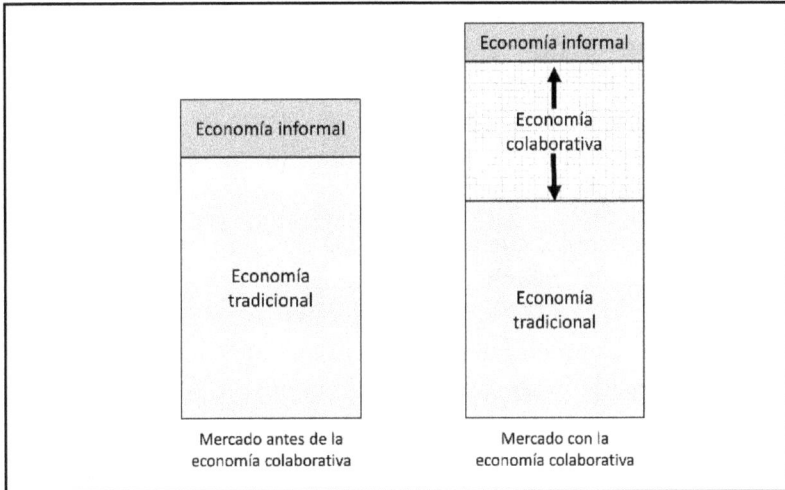

Economía informal

Economía informal

Economía colaborativa

Economía tradicional

Economía tradicional

Mercado antes de la economía colaborativa

Mercado con la economía colaborativa

Fuente: elaboración propia

Así, por ejemplo, el alojamiento turístico en la economía colaborativa ha hecho que el tamaño total del sector se incremente: al haber más opciones y mayor diversidad de precios, más gente viajará. Además, parte del crecimiento será a costa de la economía tradicional: hoteles y apartamentos. Por último, el tamaño de la economía informal (alojamiento en casas de familiares y amigos, por ejemplo) también se verá reducido, al sustituirse algunos de estos casos por opciones de alojamiento en la economía colaborativa.

9.2 La flexibilidad del modelo de la economía colaborativa

Como ya se ha visto en distintos casos, uno de los aspectos que más claramente distingue a las propuestas de la economía colaborativa es la flexibilidad inherente a la misma. Al estar basada en el alquiler de bienes y la prestación de servicios *ad hoc* por parte de particulares, es mucho más flexible que una empresa clásica.

Así, por ejemplo, cuando una zona de una ciudad se pone de moda, sobre la marcha aparecen propietarios dispuestos a alquilar sus viviendas o parte de ellas a través de Airbnb, mientras que es mucho más complejo que un hotel pueda abrirse en dicha zona de forma relativamente rápida.

Algo parecido ocurre con casos en los que hay un evento que congrega a gran cantidad de gente en una ciudad (más gente dispuesta a ofrecer sus casas ya que los precios son más altos y las expectativas de mejorar los ingresos se incrementan) o conductores dispuestos a salir a la calle a trabajar con Uber cuando la demanda es elevada y, por lo tanto, los precios suben.

Como se puede ver en estos casos y en muchos otros, por la propia estructura de la economía colaborativa, es mucho más rápido y sencillo modificar la oferta disponible en función de las demandas del mercado, siendo esta una oportunidad muy importante para los modelos basados en la economía colaborativa. Hay una mayor flexibilidad.

Ahora bien, en el próximo apartado analizaremos el impacto de esta flexibilidad en un entorno que quizás no esté preparado para la misma. Por ejemplo, en el barrio de la Barceloneta de Barcelona se ha dado un rápido crecimiento del alquiler de viviendas mediante plataformas digitales, pero sin que muchas de las estructuras de apoyo necesarias para el turismo (comercios, restaurantes, etc.) estuvieran disponibles, junto a fenómenos como la subida exponencial del precio de la vivienda.

9.3 Impacto de la economía colaborativa en el entorno geográfico

¿Cuál es el impacto de la economía colaborativa es el que puede tener en las zonas geográficas en las que se implanta? La realidad es que se está comprobando que su impacto es más profundo y difícil de medir.

Una consecuencia habitualmente argumentada, por los sectores económicos afectados por la economía colaborativa, es que esta reducirá o eliminará su actividad, ya que no incluye costes que sí deben afrontar los negocios tradicionales. Representantes de los sectores hoteleros[68] y del transporte[69] suelen hacer declaraciones en este sentido.

La evidencia empírica respecto a lo anterior es limitada. Ya comentamos el trabajo de Zervas, Proserpio y Byers (2016). Los autores encuentran que, en Austin (Texas), Airbnb ha hecho que los hoteles reduzcan sus ingresos por habitación entre un 8% y un 10%. Esta reducción la explican básicamente por dos cuestiones: la reducción de los precios y un menor porcentaje de ocupación. Los autores también vaticinan y constatan que el impacto no es igual en todo el sector hotelero. Así, en los hoteles más baratos el impacto es más significativo. De la misma manera, la influencia es mayor en aquellos establecimientos que no ofrecen servicios diferenciadores de lo que implica el alojamiento en vivienda vacacional (por ejemplo, espacios para reuniones y congresos). Además, los resultados reflejaron que los

---

[68] "CEHAT contesta a la CNMC sobre el estudio de economía colaborativa", http://www.hosteltur.com/116037_cehat-contesta-cnmc-estudio-economia-colaborativa.html

[69] "El taxi se pone fatalista frente a Uber: 'Desapareceremos dentro de diez años'", http://www.elconfidencial.com/tecnologia/2016-04-21/el-taxi-hace-una-llamada-al-fatalismo-desapareceremos-dentro-de-diez-anos_1187668/

hoteles, cuando llegaba un momento de alta demanda de alojamiento, no incrementaban tanto los precios como lo hacían antes de convivir con `Airbnb`, hecho que beneficiaba a todos los consumidores.

Anteriormente comentábamos el hecho de que la economía colaborativa es inherentemente más flexible. Es más sencillo y rápido empezar a alquilar habitaciones vía `Airbnb` en una zona de la ciudad que se pone de moda que esperar a que se abra un hotel. Si bien este tipo de comportamientos en principio pueden ser beneficiosos, no siempre lo son. Quizás esa rápida apertura de apartamentos y espacios de alojamiento tenga consecuencias no previstas, para las que la zona en cuestión puede no encontrarse preparada[70]. Por ejemplo, una subida desmesurada de los precios inmobiliarios, una presión urbanística desmedida y un desbordamiento de los servicios públicos (parques, zonas de ocio, recogida de basuras, etc.) como ha sucedido en el barrio de la Barceloneta en Barcelona y en el Barrio Chino de San Francisco, en lo que Enrique Dans ha asimilado a la *tragedia de los comunes*[71].

En relación con lo anterior, Cócola Gant (2016) describe como en el barrio Gótico de Barcelona la vivienda turística y los hoteles han suprimido 2.300 pisos del mercado de la vivienda, un 35% de las actualmente ocupadas. En el caso de la vivienda turística, los propietarios tienen fuertes incentivos económicos para sacar las propiedades del mercado de alquiler residencial y pasarlas a alquiler turístico. Como consecuencia, los precios del alquiler residencial suben y los problemas causados por la

---

[70] "¿Bienvenido, Mr. Airbnb?", http://tecnologia.elpais.com/tecnologia/2016/04/28/actualidad/1461835137_256536.html

[71] "Multas, regulaciones y tragedias de los comunes", https://www.enriquedans.com/2016/11/multas-regulaciones-y-tragedias-de-los-comunes.html

convivencia con turistas invitan tanto a propietarios como a inquilinos a irse.

También es frecuente encontrar denuncias respecto a los que utilizan las plataformas de economía colaborativa para camuflar lo que, en realidad, son empresas que tratan de esquivar la legalidad. Por ejemplo, propietarios o arrendadores de multitud de viviendas que emplean `Airbnb` como plataforma de comercialización[72].

Frente a estas situaciones, citamos el caso de la ciudad de Ámsterdam, en la que el Ayuntamiento ha acordado con `Airbnb` intentar favorecer el desarrollo de su oferta en barrios que se encuentren fuera del núcleo central de la ciudad, ya saturado de turismo masivo, con el objetivo de distribuir mejor las rentas y empleos que se generan y facilitar un contacto más satisfactorio entre ciudadanos y visitantes.

En definitiva, la flexibilidad del modelo de la economía colaborativa puede ser positiva, pero exige una monitorización constante y una adaptación permanente y rápida de las normas de funcionamiento de la sociedad. El objetivo es regular adecuadamente la actividad económica dando alas a los elementos positivos de la misma y tratando de minimizar el impacto negativo que se pueda producir. A modo de ejemplo, Cócola Gant (2016), al tratar la gentrificación (procesos de transformación en un barrio en los que la población del mismo se ve desplazada por el incremento de costes causados por dicha transformación) generados por la vivienda turística, menciona las políticas de apoyo al acceso a la vivienda, los incentivos fiscales para la contención del precio del alquiler, o la penalización del abandono de la vivienda.

---

[72] "Cómo ser anfitrión y conseguir más reservas en Airbnb", http://www.ticbeat.com/lab/ser-anfitrion-y-conseguir-mas-reservas-airbnb/

De cara a compensar estos posibles efectos negativos, las plataformas de economía colaborativa han llevado a cabo distintas acciones con las que buscan mejorar su imagen e integrarse de forma más adecuada en el entorno en el que operan. A continuación, citamos algunos de dichos ejemplos:

- Acuerdo entre Airbnb y la ciudad de Ámsterdam[73]. En base a este acuerdo, desde el 1 de enero de 2015, Airbnb se compromete a recoger la tasa turística de la ciudad a través de la plataforma, además de realizar campañas activas para recordar frecuentemente a todos los anfitriones las reglas de la ciudad para este tipo de alquileres. En la actualidad, se están llevando a cabo procesos similares en otras ciudades europeas[74] y estadounidenses[75]. Mediante estos acuerdos, Airbnb se compromete a recaudar y luego entregar los impuestos de alojamiento, ocupación y turístico en distintas ciudades, además de trabajar con estos municipios para eliminar de la web las ofertas ilegales (principalmente hoteles ilegales y operadores comerciales).

- Acuerdos entre Uber y las ciudades. Uber está llegando a acuerdos con determinadas ciudades para poder operar en zonas especialmente significativas de las mismas. Por ejemplo, se ha comprometido a pagar 1 millón de dólares anual durante 10 años para poder operar en el aeropuerto

---

[73] "Amsterdam and Airbnb Sign Agreement on Home Sharing and Tourist Tax", https://www.airbnb.es/press/news/amsterdam-and-airbnb-sign-agreement-on-home-sharing-and-tourist-tax

[74] "Airbnb busca soluciones al problema de los impuestos en Europa", http://www.ticbeat.com/tecnologias/airbnb-busca-soluciones-al-problema-de-los-impuestos-en-europa/

[75] "Airbnb's Proposed Tax Agreements With Cities Raise More Questions Than Answers", https://skift.com/2016/04/18/airbnbs-proposed-tax-agreements-with-cities-raise-more-questions-than-answers/

de Newark en Nueva Jersey[76]. En el caso de Massachusetts, se ha aprobado una normativa por la que Uber y Lyft se han comprometido a pagar, hasta 2026, una comisión de veinte centavos de dólar, por cada viaje, que serán divididos entre el sector del taxi (5 centavos), las ciudades (10 centavos) y un fondo de transporte del Estado (5 centavos)[77].

También es posible encontrar en la prensa numerosas noticias de negociaciones entre las principales plataformas de la economía colaborativa y los sindicatos mayoritarios en Estados Unidos, de cara a garantizas ciertas mejoras laborales, reconocimiento de los trabajadores, etc.

En resumen, la economía colaborativa se encuentra aún en evolución y desarrollo, por lo que esperamos que en los próximos años se vean distintos movimientos en los ámbitos tratados en este apartado.

9.4 Revisitando el aplanamiento mundial

Friedman (2006) definió el aplanamiento mundial como el acceso global al conocimiento, independientemente del lugar de nacimiento, y el hecho de que gente de cualquier país podía prestar servicios a cualquier otro país del mundo usando internet.

---

[76] "Newark Mayor Releases Details On City's Uber Agreement", http://newyork.cbslocal.com/2016/04/16/newark-uber-deal/

[77] "Massachusetts (EEUU) obligará a Uber y Lyft a compensar a los taxis", http://www.ticbeat.com/empresa-b2b/massachusetts-eeuu-obligara-a-uber-y-lyft-a-compensar-a-los-taxis/

No obstante, normalmente, tanto los que prestan servicios (en países menos desarrollados) como los que los solicitan (desde EE.UU., UK, etc.) están organizados como empresas (por ejemplo, un *call center* en la India que presta servicios a distintas empresas y grupos de clientes americanos). La cuestión es si con la economía colaborativa lo que se puede esperar es un potenciamiento mucho mayor de este fenómeno de aplanamiento mundial. A nuestro juicio, sí que es esperable este efecto.

Con los modelos de funcionamiento de la economía colaborativa, se sientan las bases para que se desarrolle plenamente el concepto auspiciado por Friedman. Cualquier persona situada en cualquier lugar del mundo que tenga un acceso a internet podrá obtener unas ganancias participando en Amazon Mechanical Turk, en Upwork o en cualquier otro sitio cuyas tareas se puedan hacer remotamente y por medio de un ordenador.

Además, es necesario tener en cuenta una cuestión que ya comentamos anteriormente. Los ingresos que se obtienen en las plataformas de la economía colaborativa son, en muchos casos, de pequeño importe, dificultando considerar las tareas realizadas como un empleo a tiempo completo. Ahora bien, en determinados países, estos pequeños importes sí pueden resultar razonables en función del nivel de vida allí disponible. Así, ya se mencionó el estudio de Maselli y Fabo (2015) en el que, tomando como referencia los salarios medios de Italia y Serbia, concluyeron que para los profesionales italianos los trabajos realizados mediante la plataforma que analizaron no podían generar el salario medio mensual de su país, mientras que para los trabajadores de Serbia sí resultaba factible.

Otro ejemplo relacionado es el caso de la plataforma Upwork en la que, según la propia empresa, predominan los clientes estadounidenses, británicos y franceses y, entre los profesionales, destacan los de Rusia, Rumanía, Filipinas y Bangladesh.

En resumen, en este tipo de plataformas, en las que no se requiere la presencia física del trabajador, parte de la competitividad y productividad de los trabajadores se explica por donde residen.

9.5 La economía colaborativa y la sostenibilidad

El consumo colaborativo fue descrito en la parte inicial de este libro. Se trata de uno de los primeros conceptos que aparecieron alrededor de lo que luego creció hasta transformase en el movimiento más general que se ha denominado economía colaborativa. Se atribuye a Botsman y Rogers (2010) buena parte de su desarrollo y análisis iniciales.

La idea que subyace en el consumo colaborativo es bien sencilla y la explicaremos con el ejemplo quizás más habitualmente repetido. Sabemos que un taladro se va a usar, de media y a lo largo de toda su vida útil, tan solo unos 15 minutos. También sabemos que muchos de los usuarios no quieren un taladro, necesitan un agujero en la pared. Entonces, ¿por qué no optar por un modelo en el que alquilemos los bienes que necesitemos, haciendo de esta forma el modelo global económico mucho más sostenible?

Los principales beneficios que se citan más frecuentemente de la economía colaborativa para el planeta son los dos siguientes:

- Reducción de la producción de bienes de consumo ya que, al compartirlos o alquilarlos aquellos que los poseen, se logra que sea necesario producir globalmente muchos menos bienes. Por ejemplo, algunas estimaciones indican que, por cada vehículo compartido, se podrían llegar a eliminar hasta 25 coches.

- En el caso del transporte, si se generaliza el uso de sistemas como Uber, complementado con los coches autónomos, poco a poco desaparecerá el interés y la necesidad de poseer vehículos, reduciendo también el impacto que el transporte tiene en el planeta. A modo de ejemplo, en España la Dirección General de Tráfico tiene previsto intervenir activamente en el sector[78], potenciando el uso el coche compartido, con una serie de medidas entre las que incluso se incluyen determinados privilegios en la circulación.

En definitiva, básicamente lo que se espera es que la economía colaborativa, en el aspecto referido al consumo colaborativo, suponga una menor necesidad de tener bienes, al pasar a un modelo de alquilarlos cuando los necesitamos. Es decir, un modelo más ecológico, sostenible y con menor impacto sobre el medio ambiente.

De todas formas, habrá que disponer de estudios rigurosos y profundos que analicen si esto es totalmente cierto. Para empezar, en el proceso de alquilar el bien también habrá un cierto impacto en el planeta (por ejemplo, para transportar el bien hasta el usuario que lo necesita en un momento determinado y para devolverlo a su origen posteriormente). Si este intercambio se hiciera entre vecinos puede que no suponga mayor problema, pero en muchos casos de la economía colaborativa no es ese el modelo, sino que se producen intercambios entre personas situadas a mayores distancias que las de un vecindario o barrio.

---

[78] "La DGT quiere que el car sharing se estandarice", http://www.ticbeat.com/tecnologias/la-dgt-quiere-que-el-car-sharing-se-estandarice/

En este sentido, gran parte de las plataformas que originalmente nacieron con este modelo de alquiler e intercambio de bienes entre particulares han acabado desapareciendo. Algunos analistas del modelo indican que dado el bajo coste de muchos bienes de consumo hoy en día, el alquiler no es necesariamente más conveniente cuando se suman los gastos de alquiler, traslado, transacción, tiempo dedicado, etc.[79]

9.6 La economía colaborativa y la distribución de riqueza

Otra de las cuestiones positivas que se atribuyen a la economía colaborativa es la de generar una mejor distribución de la riqueza en el territorio. Quizás el caso más claro pueda ser el del alquiler vacacional. En tanto en cuanto en ocasiones no nos alojamos en un hotel sino en casa de un particular, en teoría, al menos, estamos haciendo que el impacto de la economía del turismo permee mejor en el destino, llegando a un mayor número de personas.

Digamos, de forma muy simplificada, que al quedarnos en un hotel el beneficio revierte únicamente en el propietario del hotel, mientras que los empleados del mismo tan solo reciben un sueldo. Alternativamente, al quedarnos en casas alquiladas van a ser muchos propietarios los que van a obtener dicho beneficio en su totalidad. Es un tema que también habrá que contrastar empíricamente.

En relación a lo anterior, Fernando Gallardo explica, en su blog El Foro de la Ruina Habitada en un artículo de junio de

---

[79] "The Sharing Economy Is Dead, And We Killed It", http://www.fastcompany.com/3050775/the-sharing-economy-is-dead-and-we-killed-it

2016[80], como la economía colaborativa se está convirtiendo en una fuente de ingresos complementaria para la tercera edad, al disponer de casas con habitaciones disponibles y tener la necesidad de obtener algunos recursos económicos que complementen la pensión de la que disponen.

Frente al punto de vista antes mencionado, hay críticos que indican que cuando alquilamos en, por ejemplo, Airbnb, quien obtiene el beneficio realmente es Airbnb (que con lo que cobra a ambas partes puede quedarse con hasta un 15% de la reserva), mientras que el propietario lo que obtendrá es una cierta renta, pero poco más. No obstante, lo mismo se podría argumentar respecto al negocio alojativo tradicional cuando los turoperadores actúan de intermediarios.

También hay que tener en cuenta cuestiones respecto del tipo de prestadores de servicios existentes en las plataformas. Si bien inicialmente las plataformas se orientaron claramente hacia el particular que quería alquilar una habitación o una casa, o al que quería prestar servicios de transporte en su coche, al incrementarse la cantidad de usuarios en muchos casos se pierde este concepto y aparecen propietarios o arrendatarios de gran cantidad de viviendas o que controlan gran cantidad de vehículos. Por ejemplo, en un artículo publicado en El Confidencial[81] en junio de 2016 se narra el caso de una persona que alquila 14 viviendas a su nombre y al de otros familiares.

Adicionalmente a lo anterior, hay que tener en cuenta que la mayoría de las plataformas tienen su sede fiscal en países en los que la tributación es la más ventajosa, no pagando en muchos

---

[80] "Airbnb es una fuente extra de ingresos para la tercera edad", https://laruinahabitada.org/2016/06/18/airbnb-es-una-fuente-extra-de-ingresos-para-la-tercera-edad/

[81] "Así vive una 'pirata' de Airbnb: Gano 3.200 euros al mes alquilando 14 pisos", http://www.elconfidencial.com/tecnologia/2016-06-19/airbnb-barcelona-economia-colaborativa-turismo_1216411/

casos impuestos en el país en donde se prestan los servicios. Por ejemplo, la sede fiscal de `Airbnb` en Europa se encuentra en Irlanda, país con una baja fiscalidad hacia las empresas. En relación a los ingresos fiscales, también se ha dado el caso de su disminución en la ciudad de Nueva York. El motivo es la menor ocupación hotelera y la reducción de los precios de las habitaciones, debido al incremento de la cuota de mercado por parte de la vivienda turística mediada por Airbnb[82].

A nuestro juicio, el estado actual de implantación de la economía colaborativa es demasiado incipiente como para poder describir, en profundidad y con detalle, todas las consecuencias que la misma puede tener. Sí es cierto que, si observamos casos como `Uber`, comprobamos que realmente los trabajadores en la misma lo que obtienen son ingresos, que, en muchos casos, se asimilan al sueldo que obtiene un taxista tradicional. Por ello, no hay, en principio, mayores diferencias. Tampoco parece que en casos como `Trip4real` o `ToursByLocals` se vaya a producir una mejor o mayor distribución de la renta. Pero quizás en casos como el alquiler de coches entre particulares sí que se pueda dar en cierta medida esta mayor distribución de la renta.

9.7 Adopción por la economía tradicional de modelos de la economía colaborativa

Una tendencia que también se está empezando a dar, derivada de la generalización de la economía colaborativa, es el hecho de que los negocios tradicionales están empezando a adoptar algunos de los aspectos presentes en esta economía.

---

[82] "Airbnb le cuesta impuestos a la ciudad de Nueva York", http://economia.elpais.com/economia/2016/05/17/actualidad/1463492433_553106.html

Es decir, a partir de un análisis de las razones por las que los consumidores acuden a la economía colaborativa (más allá del tema del precio) pueden rediseñar sus propuestas y acercarse a los gustos del cliente. En este sentido citamos las siguientes iniciativas:

- Cadenas hoteleras que entran en el negocio del alquiler vacacional. En España tenemos el ejemplo de BeMate y, a nivel internacional, Accor Hoteles adquirió onefinestay. En el caso de BeMate, la propuesta es aprovechar la recepción del hotel más cercano como punto de contacto para la recogida y entrega de llaves de las viviendas, asistencia al viajero y depósito de maletas, entre otros servicios.
- Asociaciones de taxis que han desarrollado aplicaciones móviles para acercarse a las necesidades del cliente.
- Hoteles con diseño residencializado. Al entender que muchos consumidores acuden a Airbnb buscando una experiencia más personal y menos estandarizada, varias cadenas hoteleras han comenzado a diseñar habitaciones más únicas[83].

9.8 ¿Economía colaborativa para todos?

Un tema que entendemos que puede resultar preocupante es el relativo a la desigual implantación de la economía colaborativa en distintos ámbitos geográficos. Resulta hasta cierto punto normal que la implantación de muchas de las novedades tenga lugar, primero, en grandes núcleos urbanos y que, lentamente,

[83] "Hotels vs. Airbnb: Let the Battle Begin", http://www.nytimes.com/2016/07/24/travel/airbnb-hotels.html

vaya permeando hacia el resto de ámbitos geográficos (como, por ejemplo, la trayectoria seguida por la telefonía móvil). Pero creemos que, en especial en lo relativo a las grandes plataformas, pueda darse el efecto de que muchas de ellas no lleguen a implantarse en territorios menos densamente poblados porque no resulten atractivos desde un punto de vista económico, al menos hasta que no se alcance el punto de saturación en los mercados urbanos densamente poblados en todo el mundo (Goudin, 2016).

Otro tema que también resulta preocupante, en lo relativo a la inclusión digital y uso de las plataformas por toda la sociedad, son los estudios que encuentran situaciones exclusión social en los servicios de la economía colaborativa. Por ejemplo, Edelman y Luca (2014) encontraron que los anfitriones que no fueran negros podían cobrar hasta un 12% más que los anfitriones negros en Airbnb. Otros estudios varios[84] han encontrado situaciones similares en TaskRabbit y en Uber. Quizás por esta razón, Airbnb haya publicado unas líneas de trabajo específicamente orientadas a disminuir la discriminación[85].

Finalmente, las cifras de las grandes plataformas y los resultados de algunos estudios parecen reflejar que la economía colaborativa es una cuestión de unas pocas empresas. Así, un informe de ESADE[86] señala que el 95% de los beneficios de esta actividad se queda en el 1% de las plataformas. De la misma

---

[84] "La 'gig economy', o el trabajo que viene, también es racista y sexista", http://www.technologyreview.es/informatica/52360/la-gig-economy-o-el-trabajo-que-viene-tambien-es/

[85] "Contra la discriminación", https://www.airbnb.es/help/topic/533/nondiscrimination

[86] "La mitad de la economía colaborativa está en manos de 17 empresas", http://www.tendencias21.net/La-mitad-de-la-economia-colaborativa-esta-en-manos-de-17-empresas_a43293.html

forma, se señala que cerca del 50 % de las transacciones de lo que conocemos como economía colaborativa está en manos de 17 empresas. Por tanto, aunque la economía colaborativa se promociona muchas veces como una forma de empoderamiento del individuo también comparte, de acuerdo con estas cifras, las críticas que se hacen a la economía tradicional referidas al poder dominante de las grandes corporaciones.

Creemos que estas cuestiones también merecen ser tenidas en cuenta y valoradas en el proceso de expansión de la economía colaborativa que se producirá en los próximos años.

10 El negocio en la economía colaborativa

En este capítulo del libro vamos a hacer una revisión de los aspectos de funcionamiento económico referentes a la economía colaborativa. Es decir, cómo se pagan los productos y servicios, cómo llega el dinero hasta el que creó el producto o prestó el servicio, quién fija los precios, cómo ganan dinero las plataformas, etc.

Como elemento de base durante el capítulo y basándonos en la definición de economía colaborativa, hay que tener en cuenta que la economía colaborativa gravita sobre plataformas de intermediación, que buscan casar la oferta con la demanda. Como explican en su libro Evans y Schmalensee (2016), estos modelos de intermediación digital son bastante distintos del tipo de negocio que hemos estado acostumbrados a ver históricamente: no compran nada, no producen bienes ni servicios, no siguen los modelos económicos clásicos. Por ello, no es posible aplicar las reglas económicas tradicionales a este tipo de plataformas denominadas de múltiples lados (*multisided platforms*), es decir, que no tienen un único tipo de clientes sino varios tipos de ellos (por ejemplo, anfitriones y huéspedes;

conductores y pasajeros; personas que necesitan una determinada tarea y manitas; etc.).

Por todo ello, creemos necesario hacer dos puntualizaciones antes de entrar en materia. En primer lugar, que hay que tener en cuenta que dentro del contexto de la economía colaborativa hay un amplio abanico de prácticas. Por ello intentaremos, en la medida de lo posible, irlas revisando hasta tener un catálogo lo más representativo de las mismas. Analizaremos primero la fijación de precios para, posteriormente, entrar a detallar el recorrido de los pagos y los modelos de negocio de las plataformas de la economía colaborativa.

En segundo lugar, mencionar que el análisis de los modelos de negocio de las plataformas daría no ya para un capítulo sino para un libro entero. No es nuestro objetivo entrar en este tema con tanto detalle. Para el lector interesado en profundizar sobre este ámbito, recomendamos el citado libro de Evans y Schmalensee (2016) denominado *"The Matchmakers: The New Economics of Multisided Platforms"*.

10.1 Fijación de precios

En el ámbito de la fijación de precios, de los servicios o productos comercializados en las plataformas, hay distintos modelos que cubren un amplio espectro. Desde plataformas que no intervienen para nada hasta plataformas que dictan el precio de forma estricta. Se comentan a continuación.

Laissez-faire

En un extremo se encuentran las plataformas que no intervienen en absoluto en el mecanismo de fijación de precios. Es decir, aquellos que desean vender o alquilar productos, o prestar servicios, tienen completa libertad en cuanto al precio que desean poner a sus bienes o servicios y es el mercado el que dictaminará si el precio es adecuado o no.

Además, dado que habitualmente el número de productos o servicios ofertados por una persona no es excesivamente elevado (por ejemplo, el número de casas que alquila), será relativamente sencillo ir ajustando estos precios en función de la respuesta que se vaya obteniendo.

En general, la mayoría de las plataformas comenzó con un modelo de este tipo, como perfecta analogía del modelo de Vicent de Gournay del *laissez-faire*[87], evitando intervenir. Plataformas de servicios y experiencias turísticas como pueden ser `Trip4real`, `ToursByLocals` o `EatWith` siguen este modelo, siendo el prestador del servicio el que económicamente valora lo que ofrece.

Hay que tener en cuenta que en el caso, por ejemplo, de `EatWith`, en el que acudimos a comer a casa de una persona, el rango de precios es difícilmente gestionable por parte de la plataforma, ya que el tipo de experiencias y servicios incluidos que el cocinero puede ofertar es tremendamente amplio y diverso.

Por lo anterior, este es el modelo más habitual en aquellos casos en los que es muy difícil encontrar variables que ayuden a objetivar de alguna manera el producto o servicio ofrecido, quedando de parte del proveedor asignar el valor a su producto o servicio.

---

[87] https://es.wikipedia.org/wiki/Laissez_faire

Ayudando en la fijación del precio

Aunque se inicie con el modelo descrito de dejar hacer, lo normal es que las plataformas rápidamente empiecen a contar con datos históricos y comparativos que, en muchos casos, pueden servir para ayudar a los miembros de la plataforma a fijar mejor sus precios, especialmente a los nuevos miembros con menor experiencia.

Por ejemplo, `Airbnb` puede saber ya cómo va a evolucionar la demanda de alojamiento en Madrid durante la próxima Semana Santa o en Valencia en las próximas Fallas. Con ese histórico de datos, y parametrizando distintos componentes de la vivienda (tipo de oferta, tamaño, localización), la plataforma puede orientar al propietario al respecto de si los precios que está ofertando son excesivamente elevados o, por el contrario, demasiado bajos.

En este proceso de asistencia al usuario en la fijación del precio hay varios modelos:

- *Una asistencia desinteresada por parte de la plataforma,* que entiende que si sus usuarios fijan mejor los precios ganarán ambos. El usuario, que venderá más, y la plataforma, que obtendrá mayores ingresos.
- *Una asistencia con coste,* un servicio *premium* para aquel usuario que lo desee. La plataforma entiende que los datos recopilados forman parte de su negocio y, por ello, los cede al usuario si este está dispuesto a pagar por el valor añadido. Por ejemplo, `Airbnb` sigue este modelo con su sistema denominado *"Smart Pricing"* por el que cobra un 3% adicional a los anfitriones en cada reserva.
- *Sistemas externos a la plataforma que asisten a los proveedores de servicios.* Principalmente, se nutren de datos obtenidos de la misma plataforma y de cuestiones de entorno. Por

ejemplo, en el caso de alojamiento, el día de la semana, la época del año, la ciudad, etc. Un ejemplo de este caso es Beyond Pricing que funciona sobre Airbnb. Una vez proporcionamos a Beyond Pricing los datos de acceso a nuestra cuenta de Airbnb, el sistema se encarga automáticamente de gestionar los precios de nuestros alojamientos, basado en la estacionalidad, zona de la ciudad, demanda local, etc. En el caso de Beyond Pricing el coste es del 1% del total de ingresos de la propiedad.

La plataforma fija el precio

En el otro extremo del continuo se encuentran los casos en los que es la plataforma la que estima el valor del servicio, sin que el prestador del mismo tenga nada que decir. Este es el caso de Uber. Uber se encarga de absolutamente todo: estima la distancia, evalúa el tipo de vehículo, evalúa incluso la demanda que hay en el momento y fija el precio exacto en función de esos parámetros. De todas formas, lo que se ofrece al usuario antes de subir a Uber es una estimación, ya que, al igual que lo que ocurre con los taxis, el precio final dependerá del recorrido exacto y del tiempo total en espera que pueda haber en el trayecto.

Incluso si el usuario estima que el trayecto realizado por el conductor fue más largo del necesario y, por ello, el precio final fue mayor de lo que debería haber sido, puede abrir una incidencia con Uber que, en su caso, podrá dar la razón al usuario, devolviéndole parte del importe del trayecto.

Por lo tanto, en este caso, el trabajador no tiene ninguna responsabilidad en la fijación del precio. Tan solo puede decidir si abre la aplicación para aceptar servicios y, posteriormente, si acepta o no el servicio que la plataforma le está asignando. La retribución exacta que recibirá depende del precio establecido por la plataforma.

10.2 El recorrido del dinero

Un tema que también creemos interesante analizar es el flujo del dinero desde el consumidor que paga hasta el prestador del servicio. En un modelo tradicional, cuando nos bajamos de un taxi pagamos directamente al taxista. Cuando alquilamos una casa, normalmente pagamos un depósito para formalizar la reserva y el resto unos pocos días antes de la estancia o incluso en el momento de la llegada. En un hotel, normalmente pagamos antes de llegar (reservas sin posibilidad de cancelación), justo al entrar y hacer el *check-in* o bien a la salida. Cuando compramos un producto en la web de una empresa, pagamos por él y posteriormente se nos envía el mismo.

En la economía colaborativa este flujo económico ni es tan directo ni es tan sencillo. Hay varios motivos por los que se complica el proceso:

- En primer lugar, en la mayoría de los casos las plataformas no están localizadas en el país en el que se producen los servicios. Por ejemplo, Airbnb tiene su sede fiscal para Europa en Irlanda.
- Normalmente, el consumidor paga a la plataforma, siendo la plataforma la que, a posteriori, se encarga de retribuir al prestador del bien o servicio.
- Es frecuente que haya una cierta distancia temporal entre el momento en el que la plataforma cobra por el servicio que se prestará en el futuro y el momento en el que retribuye a los que realmente prestan el servicio.

Así, por ejemplo, en el caso de `Airbnb`, en el momento de la reserva el huésped paga tanto el importe total de la reserva como la comisión de servicio que le cobra al huésped `Airbnb`. Pero este dinero no se paga al usuario hasta que el huésped ha entrado en el alojamiento y ha pasado una noche. Según `Airbnb`, de esta forma se garantiza que no se produzcan intentos de fraude en la plataforma.

El caso de `Trip4real` es muy parecido. El cliente paga en el momento de hacer la reserva y el trabajador cobra una vez pasadas 24 horas de la realización de la actividad, al objeto de poder comprobar que todo ha ido bien.

Otras plataformas, según los países, aplican otras políticas de pago. `Uber` para el caso de EE.UU. paga semanalmente a los conductores. `Trip4real` indica que envía una transferencia bancaria como muy tarde 48 horas después de que se lleve a cabo la experiencia turística, aunque la plataforma puede haber cobrado por ella mucho antes. En el caso de `Etsy`, el pago es casi directo al vendedor, quedándose `Etsy` únicamente con un porcentaje como comisión.

En `TaskRabbit`, al encargar una tarea, la plataforma solicita los datos de una tarjeta de crédito, con el fin de verificar la identidad del cliente y validar la tarjeta. No obstante, el cargo en la misma se hará una vez hayan transcurrido 24 horas de la finalización de la tarea. De esta forma el cliente tiene la oportunidad de revisarla.

Muchas otras plataformas no indican específicamente cómo llevan a cabo los pagos a los prestadores de servicios. Aun así, parece ser que el denominador común a las diferentes modalidades de pago es que la plataforma paga al prestador del servicio una vez que el mismo se ha llevado a cabo. De esta forma, suelen afirmar las plataformas, se garantiza que el servicio se lleve a cabo y que se preste con la calidad prometida.

10.3 La dimensión de las plataformas de la economía colaborativa

En capítulos anteriores hemos explicado que uno de los cambios principales que se estaba dando, en el proceso de migración de la Sociedad Industrial a la Sociedad Red, era la reducción de la necesidad de las empresas de crecer como única forma de lograr sus objetivos. Planteábamos que los modelos digitales permitían otros modelos de desarrollo y crecimiento, por ejemplo, basados en la personalización o en la realización de microtareas.

En este sentido, y dentro del presente capítulo, creemos interesante analizar estos conceptos desde el punto de vista de las propias plataformas. Así, nos encontramos con que en la parte de las transacciones hay una gran cantidad de prestadores de servicio que compiten entre ellos por la gran cantidad de demandantes de los mismos presentes en las plataformas.

Pero resulta interesante comprobar que, en el ámbito de las plataformas, y por lo menos hasta el momento, el modelo que parece ser válido es el de crecer para acabar siendo la única plataforma disponible en un determinado ámbito; lograr la máxima economía de escala posible.

Cuanto mayor es la plataforma y mayor número de transacciones se llevan a cabo en las mismas, menores son los costes marginales de cada operación que se lleva a cabo, con una tendencia a cero de los mismos. Esto hace que las plataformas dominantes cada vez sean más interesantes para los que ofrecen y para los que demandan productos o servicios, de forma que poco a poco, el resto de plataformas van quedándose con cuotas marginales o viéndose obligadas a reestructurarse y orientarse a nichos muy específicos.

También se produce el efecto de que a más transacciones se llevan a cabo, mayor es el conocimiento y capacidades de previsión que tienen las plataformas sobre lo que está ocurriendo y lo que va a ocurrir: en qué zonas va a haber un incremento de la demanda, qué tipo de servicios son los que más gustan a los clientes, de qué se quejan los mismos según su tipología, etc. Todo ello permite una mejor gestión de sus recursos y, al mismo tiempo, una mayor satisfacción de los clientes, lo cual incide en el crecimiento de la propia plataforma.

Es decir, la cantidad de datos que estas empresas empiezan a recopilar, sobre todo lo que sucede en su plataforma, permite conocer en profundidad al consumidor hasta extremos casi inimaginables hasta hace poco. Por ejemplo, en el trabajo firmado por Cohen *et al.* (2016) [en el que, entre otros aparecen como coautores dos economistas de la propia Uber] utilizan más de 50 millones de registros de la base de datos de Uber que cubren un periodo de solo seis meses y cuatro ciudades americanas. Con estos datos consiguen estimar con gran precisión curvas de demanda y excedentes del consumidor, cuestiones que, hasta este momento, se habían realizado tan solo a nivel teórico o con un número limitado de observaciones.

A su vez, la mayoría de estas plataformas cuentan con gran cantidad de capital riesgo, cuyo principal objetivo es lograr un crecimiento tan rápido como sea posible para poder llevar la empresa a bolsa o a una ronda subsiguiente de financiación.

Estas economías de escala les permiten llevar a cabo proyectos de mejora de gestión y de calidad de servicio casi implanteables para plataformas de menor tamaño. Como muestra, citamos cuatro casos relativamente recientes referentes a una de las plataformas, Uber. Por un lado, su asociación con una compañía de imágenes satelitales para optimizar la recogida de viajeros, por ejemplo, en calles muy anchas[88]. Por otro, las pruebas que la propia compañía está haciendo para aprovechar el acelerómetro y el giroscopio de los móviles de los conductores para entender mejor si aceleran o frenan bruscamente o si cumplen con los límites de velocidad[89]. En tercer lugar, el lanzamiento de su servicio UberCENTRAL para que las empresas puedan reservar y pagar los viajes de sus clientes en Uber, como por ejemplo un taller, un restaurante, etc. En cuarto lugar, las pruebas que está llevando a cabo con coches autónomos destinados a sustituir a los conductores en un futuro que quizás no se encuentre tan lejano como podría parecer.

Por último, el diario Expansión publicó[90] en agosto de 2016 un mapa de la red de alianzas empresariales con que contaban algunas de las principales plataformas de economía colaborativa. Así, por ejemplo, en el caso de Airbnb se citan los casos de KLM, Virgin, Lufthansa y Tesla. En el de Uber, alianzas con United Airlines, Hilton Hotels, Starwood Hotels y Volvo.

10.4 Modelos de ingresos de las plataformas de la economía colaborativa

Aunque se trata de un tema que se encuentra en constante evolución y a diario van apareciendo nuevas formas en las que las plataformas obtienen ingresos, en esta sección revisamos los

[88] "Uber se asocia con una compañía de imágenes satelitales para optimizar sus paradas", http://wwwhatsnew.com/2016/07/19/uber-se-asocia-con-una-compania-de-imagenes-satelitales-para-optimizar-sus-paradas/

[89] "Curb Your Enthusiasm", https://newsroom.uber.com/curb-your-enthusiasm/

[90] "Airbnb, Uber y BlaBlaCar tejen una gran red de alianzas empresariales", http://www.expansion.com/economia-digital/companias/2016/08/28/57c312bb22601d71318b4630.html

modelos más comunes. Para ello, y entre otras fuentes, hemos utilizado un documento de Collaborative Lab[91]. Los posibles modelos de ingresos son los siguientes:

- *Comisión de servicio.* La plataforma cobra un porcentaje (que en ocasiones se acompaña de un fijo) cada vez que se produce una transacción. En general, este porcentaje varía entre el 2% y el 30%. Por ejemplo, en el caso de TaskRabbit, este porcentaje es el 30% si es la primera vez que contratamos los servicios de un determinado trabajador y del 15% si volvemos a solicitar los servicios del mismo trabajador. Airbnb cobra tanto al huésped como al anfitrión. Al huésped le cobra entre el 6 y el 12% (el porcentaje es menor cuanto mayor sea el importe de la reserva), mientras que al anfitrión le cobra el 3%. De media, la estimación es que, en la economía colaborativa, el proveedor del servicio recibe más del 85% de la transacción, es decir, que las plataformas se quedan con un 15% o menos (Vaughan y Daverio, 2016).
- *Tarifa plana anual.* La plataforma cobra una cantidad fija por pertenecer a la misma, independientemente del uso que se haga de ella. Con este modelo, consiguen evitar que las dos partes traten de ponerse en contacto directamente para evitar una parte de los gastos, ya que el importe anual ya está pagado. Por ejemplo, IntercambioDeCasas cobra un importe de 130 euros anuales por pertenecer a la plataforma[92], pudiendo

---

[91] "Collaborative economy revenue models", http://www.slideshare.net/CollabLab/collaborative-economy-revenue-models

[92] Además, si el primer año no encontramos un intercambio exitoso de nuestra

intercambiar la casa que ofertemos tantas veces como queramos.

- *Planes por niveles de uso.* Es una combinación de los dos anteriores, en el que la plataforma cobra un importe fijo pero que varía en función del nivel de uso de la plataforma. Por ejemplo, `Pley`, una web de alquiler de juguetes infantiles, tiene un plan de 20 dólares al mes y otro de 45 dólares. En ambos casos el usuario puede intercambiar tantos juguetes como desee, la única diferencia se encuentra en el tipo de envío y en la selección de juguetes a la que se tiene acceso.

- *Cuota anual más comisión de servicio.* Otra forma de combinar las dos primeras. Se paga una cuota anual y, además, un porcentaje cada vez que se usa el servicio. Es muy habitual en los sistemas de coche y bicicleta compartida en las grandes ciudades. Por ejemplo, `Zipcar` cobra actualmente 7 dólares al mes (o 35 al año) más una tarifa por cada hora de uso del vehículo (entre 8 y 10 dólares, dependiendo del vehículo).

- *Freemium.* Modelo muy habitual en el entorno digital. Una parte básica de los servicios es gratuita y se paga por servicios adicionales de valor añadido. Es frecuente que el modelo *freemium* aparezca integrado en muchos de los anteriormente citados. Por ejemplo, es común que el porcentaje en cada transacción varíe en función de los servicios que utilicemos.

- *Modelos híbridos,* que combinan dentro de la misma plataforma varios de los anteriormente citados.

- *Ingresos financieros.* Las plataformas habitualmente cobran en el momento en que se lleva a cabo la reserva, pero no liberan este dinero al prestador del servicio hasta que se ha prestado el mismo. Esto permite a las plataformas

---

vivienda, el segundo año será gratis.

disponer de una importante cantidad de fondos financieros que, dependiendo de las regulaciones que haya en cada país, podrán ser utilizados también como fuente de ingresos adicional.

Además de todos estos elementos, una de las principales fuentes de ingreso de las plataformas estará relacionada con lo que se comentó en el apartado anterior. A medida que su tamaño y el número de transacciones que se desarrollan en las plataformas son mayores, la cantidad de datos y de conocimiento de que disponen también lo es. Por ello, se abren nuevas oportunidades de todo tipo: servicios a los proveedores que permitan un mejor ajuste de sus precios y servicios a partir de los perfiles de consumo, o la venta de datos.

10.5 Empresas que se comercializan en la economía colaborativa

Desde el comienzo de este libro, hemos definido que lo que caracteriza a la economía colaborativa es el uso de plataformas tecnológicas en donde los individuos son los que ofrecen productos y servicios.

A pesar de ello, cada vez es más habitual detectar que en muchas de las plataformas, inicialmente pensadas para los particulares, participen empresas que ofrecen sus productos y servicios. Así, en Airbnb es frecuente encontrar inmobiliarias y servicios profesionales ofertando alojamientos, incluso hay algún caso de hoteles con sus habitaciones en la plataforma.

En Trip4real es posible encontrar empresas de servicios comercializando excursiones. Es verdad que son empresas pequeñas, muy centradas en la actuación del emprendedor o de los pocos miembros que forman la empresa en cuestión. En el caso del transporte, no es difícil concebir que empresas de transporte empiecen a ofrecer sus servicios en Uber o en plataformas de logística.

En definitiva, creemos que se trata de un fenómeno muy difícil de controlar y que tan solo puede ser gestionado adecuadamente por el promotor de la plataforma, si considera que se trata de un mal uso de la misma. Otra cuestión es que el propietario de la plataforma entienda que simplemente se trata de una intermediación y que le da igual hacerla entre empresas, entre empresas y particulares o entre particulares. En cualquier caso, ya se ha comentado que el informe de la Comisión Europea de junio de 2016 (Comisión Europea, 2016b) considera a las pequeñas empresas, junto a individuos particulares, actores propios de la economía colaborativa.

Ahora bien, también creemos que, en parte, devalúa una parte del propio concepto de la economía colaborativa y del hecho del empoderamiento del individuo. Sin contar con datos exhaustivos al respecto, entendemos que en ocasiones lo que van buscando los usuarios, cuando acuden a la economía colaborativa, es un modelo económico distinto, que se caracterice por una mayor relación interpersonal, en el que tengan un contacto más directo con el prestador de servicio. Si el que ofrece el servicio es una empresa con múltiples establecimientos en Airbnb o con distintas excursiones en Trip4real, entendemos que se puede perder una parte de la esencia del modelo.

En muchos casos, las plataformas evitan intervenir en esta cuestión porque su principal interés puede ser es el del crecimiento y el intento de crear el máximo valor posible para sus propietarios o accionistas. Es un ámbito en el que habrá que profundizar en el futuro, de cara a entender si este tipo de situaciones incomodan a los consumidores de las plataformas o, si en el proceso de búsqueda de una oferta distinta o más económica, realmente no les importa quién les preste el servicio.

11 Regulación de la economía colaborativa

Si hay un tema que genera un encarnecido debate en el ámbito de la economía colaborativa es el relativo a la normativa y regulación de las actividades que en ella se llevan a cabo. Especialmente cuando tenemos en cuenta que muchas de las actividades de la economía colaborativa compiten con actividades similares de la economía tradicional, en ocasiones sustituyéndolas, en otras complementándolas.

Como ya hemos indicado, en muchas ocasiones un alquiler en Airbnb sustituye a lo que hubiera sido una estancia en un hotel o en un apartamento turístico. Casi siempre que cogemos un Uber estamos dejando de coger un taxi. Por tanto, es lógico que una de las primeras preguntas sea hasta qué punto estas actividades de la economía colaborativa son legales o no. También hay dudas acerca de si se tributa adecuadamente, tanto por parte de la plataforma como por parte de los prestadores de servicios.

Todo esto tiene sentido cuando se tiene en cuenta que las actividades tradicionales (hoteles, taxis, restaurantes, guías turísticos) normalmente están sujetas a una elevada cantidad de normativa que deben cumplir escrupulosamente, además de a una vigilancia tributaria constante.

En este sentido, cada país (y en ocasiones cada comunidad autónoma o región de un país) ha ido desarrollando una legislación propia. Vaughan y Daverio (2016) presentan una revisión de los últimos cambios normativos desarrollados en cada estado miembro de la Unión Europea. A su vez, Goudin (2016) indica que para que la economía colaborativa pueda desarrollar todo su potencial sería necesario que se desarrollara normativa común a nivel europeo.

Por su parte, en España, en el caso de la vivienda vacacional, son las comunidades autónomas las competentes en cuanto a la normativa reguladora de su funcionamiento. Así, las diecisiete comunidades tienen su propia normativa con variaciones importantes en las mismas. Presentamos tres ejemplos de normativas referentes a las comunidades de Canarias, Andalucía y Cataluña.

CANARIAS

Normativa
Decreto 113/2015, de 22 de mayo, por el que se aprueba el Reglamento de las viviendas vacacionales de la Comunidad Autónoma de Canarias

Ejemplo de área regulada
Equipamiento mínimo que tiene que tener el dormitorio de la vivienda

Texto de la normativa
a) Iluminación para la lectura junto a cada cama.
b) Sistema efectivo de oscurecimiento de cada dormitorio con los que cuente.
c) Perchas de material no deformable y estilo homogéneo adecuadas al número de personas usuarias.
d) Camas dobles o individuales con las siguientes dimensiones mínimas:
    - Individuales: 0,90 m x 1,90 m
    - Dobles: 1,35 m x 1,90 m
e) Equipamiento mínimo y ropa de cama suficiente por persona usuaria:
    - Protector de colchón.
    - Sábanas o similar.
    - Manta.
    - Almohada.
    - Cubrecama.

En caso de que la contratación fuese superior a una semana, se dotará de otro juego de cama por persona usuaria para cada semana o fracción.

ANDALUCÍA

Normativa
Decreto 28/2016, de 2 de febrero, de las viviendas con fines turísticos y de modificación del Decreto 194/2010, de 20 de abril, de establecimientos de apartamentos turísticos de la Comunidad Autónoma Andaluza

Ejemplo de área regulada
Equipamiento del dormitorio de la vivienda

Texto de la normativa
Ropa de cama, lencería, menaje de casa en general, en función a la ocupación de la vivienda y un juego de reposición.

CATALUÑA

Normativa
Decreto 159/2012, de 20 de noviembre, de establecimientos de alojamiento turístico y de viviendas de uso turístico

Ejemplo de área regulada
Equipamiento de la vivienda (sin mención explícita al dormitorio)

Texto de la normativa
Ropa de cama, lencería, menaje de casa en general, en función a la ocupación de la vivienda y un juego de reposición.

En referencia a la duración máxima del alquiler, en el cuadro 11.1 se presentan los casos de cuatro comunidades autónomas.

Cuadro 11.1. Duración del alquiler en comunidades autónomas españolas

Cataluña	Máximo de 31 días seguidos
Andalucía	2 meses computados de forma continuada por una misma persona usuaria
Canarias	Sin límite
Madrid	5 días mínimo; respecto al máximo, no se podrá usar como vivienda permanente

Fuente: elaboración propia a partir de los distintos decretos

Por tanto, el aspecto legal de la economía colaborativa no es una cuestión baladí, ya que, como se puede deducir de los ejemplos expuestos, condiciona claramente su puesta en práctica. A su vez, la disparidad en el contenido de las regulaciones conlleva que, en función del territorio en el que se realice la actividad económica, esta resulte más o menos fácil de llevar a cabo.

11.1 Opciones para regular la economía colaborativa

Al respecto de las opciones existentes para regular la economía colaborativa, nos resulta de interés la clasificación que ofrece Varas Arribas (2016). Con ligeras adaptaciones de lo que propone dicha autora, estas son las posibilidades que se pueden dar:

- *Prohibición.* La anterior autora explica que, como respuesta a las movilizaciones, bien de los actores de la economía tradicional, bien de la sociedad civil, distintos países o regiones han optado por una perspectiva conservadora, prohibiendo las actividades de la economía colaborativa. Para ello, se utiliza como argumento el hecho de que estas actividades no cumplen con la legislación vigente. En su caso, se puede decretar el cierre de operaciones de la plataforma.

- *Aplicar estrictamente la legislación a la economía colaborativa.* En este caso, no se prohíben explícitamente las actividades, sino que se exige que las mismas cumplan la legislación que ya existe, como por ejemplo la aplicable a los ámbitos turístico o de transporte de pasajeros. En este caso, no solo se actúa contra los proveedores sino también contra las plataformas, si las autoridades detectan en las mismas ofertas que no cumplen con la legislación. Por ejemplo, las multas de Cataluña a `Airbnb`.

- *Desarrollo de una legislación específica.* El ente regulador desarrolla una normativa específica de aplicación a las actividades de la economía colaborativa. Es el ejemplo de la regulación del alquiler vacacional en las distintas comunidades autónomas en España.

- *Imponer más reglas.* Hay otros casos en los que se llevan a cabo iniciativas específicas para regular la economía colaborativa, pero estas nuevas normas se añaden a las ya existentes, no son una alternativa. Por ejemplo, en el Reino Unido está en discusión la prohibición de mostrar vehículos para alquilar en aplicaciones de móviles y la exigencia de que las aplicaciones permitan reservar vehículos con un mínimo de siete días de antelación[93].

---

[93] "Uber faces massive crackdown in London", http://www.telegraph.co.uk/

- *Simplificación.* En algunas regiones se ha hecho una revisión de la normativa existente para permitir un mejor encaje de las actividades de la economía colaborativa en la misma.

11.2 Legalidad de las actividades de la economía colaborativa

Quizás sea esta la cuestión más relevante al respecto de las actividades que se desarrollan en la economía colaborativa: en qué medida son legales o no. Creemos necesario aclarar que, al menos desde un punto de vista objetivo y externo a la cuestión, en principio no debería haber mayor problema en ninguna de las actividades que se desarrollan.

En una economía de libre mercado debería ser posible que una persona quiera aprovechar su vehículo para trasladar a otras personas, alquilar su casa o una parte de ella, cocinar para otros en su propia casa, actuar como guía turístico, o realizar pequeñas tareas en el tiempo de que dispone a cambio de una retribución.

El problema está en que, aun siendo economías de libre mercado, al menos teóricamente, la mayoría de las tareas anteriormente citadas se encuentran profundamente reguladas. Hay que contar con licencia de transporte para poder llevar a alguien en un vehículo y cumplir una serie de regulaciones, además de que el número de licencias que se conceden en cada zona geográfica suele estar fuertemente limitado. Hay que cumplir toda una serie de requisitos para poder abrir un bar o un restaurante. Lo mismo ocurre para un hotel y un complejo de apartamentos.

---

technology/news/11899018/Uber-faces-massive-crackdown-in-London.html

Ante esta situación, aquellos que cumplen la normativa y tienen sus negocios legalizados encuentran injusto que otros puedan realizar servicios que compiten con ellos sin cumplir normativa específica o tan solo cumpliendo con algunos requisitos mínimos. En este sentido, el informe elaborado por la Confederación Española de Hoteles y Alojamientos Turísticos (CEHAT, 2016) señala que el alojamiento tradicional está sometido a una normativa de la que escapa, o puede escapar, la vivienda vacacional comercializada mediante plataformas. Cita normativa en materia de seguridad y protección, en el ámbito fiscal, y en el urbanístico en lo referido a la concesión de licencias para operar. A su vez, representantes de propietarios de vivienda vacacional (por ejemplo, la Asociación Canaria de Alquiler Vacacional) argumentan que es una modalidad de alojamiento diferente, que responde a una nueva demanda turística, por lo que no debe ser sometida a una regulación que la entorpezca[94].

De manera similar a las reclamaciones por parte de la industria alojativa, el sector del transporte también ha manifestado sus quejas. Las demandas interpuestas contra Uber, por los representantes de los medios de transporte tradicionales, han logrado que algunos países o regiones prohíban o limiten su actuación. Así, en Francia y España el servicio más popular de Uber (Uberpop, servicio de transporte desarrollado por no profesionales) ha sido prohibido y, actualmente, la plataforma debe operar en estos países con conductores con licencia VTC (actividad de arrendamiento de vehículos con conductor). No obstante, una reciente sentencia en la ciudad de Chicago ha considerado, ante una demanda por parte de los representantes del sector del taxi, que Uber y taxistas son modelos de negocio diferentes[95]. El dictamen establece que la licencia de los taxistas

---

[94] Asociación Canaria de Alquiler Vacacional, ver http://www.ascav.es/

[95] "Sobre perros y gatos: Posner, a favor de Uber (sin compensación para los

no recoge derechos que limiten la evolución en los medios de transporte y, asimismo, le confiere derechos diferenciadores de estos, como la potestad para recoger a clientes en la calle si previo acuerdo contractual. Siguiendo el mismo razonamiento y a modo de ejemplo, en el caso de España, los taxis ofrecen un servicio diferente (por ejemplo, cobrar en efectivo, recoger a clientes sin necesidad de acordar previamente unas condiciones, recoger a clientes sin hacer uso de medios tecnológicos) y tienen derechos distintos (por ejemplo, contar con una parada y circular por carriles reservados legalmente para ellos).

También podemos mencionar las demandas en España contra algunos la plataforma `BlaBlaCar` y contra algunos usuarios de la misma, demandas lideradas por Confebus (Confederación Española de Transporte en Autobús). En este caso, la duda se encuentra en discernir si algunos usuarios están ofreciendo trayectos de coche con la intención real de compartir gastos o si lo que están haciendo es ofrecer trayectos a compartir con el ánimo de lucrarse. Para ello, se utiliza como referencia la cifra cobrada por kilómetro, mencionándose que cifras inferiores a 14 céntimos de euro por kilómetro serían admisibles, mientras que cifras superiores a 19 céntimos de euro podrían indicar un interés lucrativo en la actividad.

Desde nuestro punto de vista, creemos que ambas partes (defensores de le economía colaborativa y representantes de actividades económicas afectadas) tienen parte de razón. Probablemente, como en muchos otros órdenes de la vida, la solución se encuentre en el término medio. Quizás sea necesario repensar la regulación a la que se somete a muchos sectores económicos, aligerándola y manteniendo únicamente lo

---

taxistas)", http://derechocompetencia.blogspot.com.es/2016/10/sobre-perros-y-gatos-posner-favor-de.html

relevante, al mismo tiempo que se regulan racionalmente las actividades de la economía colaborativa.

Hay que tener en cuenta que algunas actividades económicas tradicionales están sometidas a una presión regulatoria y burocrática considerable. Un ejemplo puede ser el desarrollo de la actividad alojativa en la Comunidad Autónoma de Canarias, tal y como se recoge en Villar Rojas (2009). De hecho, también existe normativa dirigida a aliviar esta presión. La Directiva 2006/123/CE, del Parlamento Europeo y del Consejo, de 12 de diciembre de 2006, relativa a los servicios en el mercado (normalmente conocida como Directiva de Servicios o Directiva Bolkestein) tiene como fin facilitar, desde el punto de vista administrativo, el acceso a las actividades de servicios. Además, ya es bien sabido que, en el ámbito normativo, una vez que algo se ha regulado, será complicado que en el futuro se desregule. En cambio, sí es habitual que cada gobernante introduzca y regule nuevos aspectos que hasta el momento no estaban contemplados, haciendo que el conjunto total de normas sea cada vez más elevado y complicado de satisfacer.

De igual forma, tampoco tiene sentido que las actividades de la economía colaborativa estén desreguladas y en un estado alegal. Hasta el momento, la regulación ha aparecido únicamente en los sectores en los que el impacto de la economía colaborativa empezaba a ser significativo (como son los casos de la vivienda vacacional o del transporte). No obstante, sería deseable que se regulara de una forma más global y no de manera puntual cada fenómeno.

También es necesario decidir cómo regular o gestionar el periodo transitorio. Por ejemplo, si en un determinado territorio había un número muy limitado de licencias de transporte público, esta situación de escasez habrá causado que el coste de las licencias haya ido aumentando en el tiempo. Si ahora se plantea una cierta apertura en dicho territorio hacia otros modelos de transporte, será necesario pensar en una forma en que aquellos que adquirieron sus licencias pagando una gran cantidad no se vean perjudicados.

La responsabilidad de las plataformas

¿Quién es el responsable último de garantizar que las ofertas que aparecen en las plataformas cumplan con todos los requisitos legales? ¿Es una cuestión que deben controlar las plataformas o es algo que queda de mano de los proveedores de productos o servicios?

En este caso, de nuevo, las diferencias entre países son muy significativas. Así, en EE.UU. la sección 230 de la Ley de Decencia de las Comunicaciones de 1996 indica que los proveedores de servicios digitales no son responsables de lo que se publica en sus plataformas. Por ello, las plataformas están usando este artículo para eximir su posible responsabilidad relacionada con los anuncios que pueda haber. Tampoco es que quede del todo claro, ya que, por ejemplo, San Francisco dispone de una ley que obliga a distintas plataformas a pagar mil dólares al día por cada anuncio que haya en sus plataformas de anfitriones no registrados en la ciudad[96].

En España, destaca el caso de Cataluña., en donde los establecimientos tienen que estar dados de alta en la Generalitat para poder publicitarse en Airbnb, además de indicar el número de registro en el anuncio, si bien se trata de un proceso no totalmente implantado aún. La propia Airbnb ha creado una página de información específica para el caso de Cataluña[97] y son

---

[96] "Airbnb Sues Hometown San Francisco to Block Rental Rules", http://www.bloomberg.com/news/articles/2016-06-27/airbnb-is-suing-hometeown-san-francisco-to-block-rental-rules

[97] https://www.airbnb.es/help/article/862/catalu-a-barcelona

frecuentes las noticias referentes a procesos de diálogo entre el gobierno regional y la plataforma.

El informe de la Comisión Europea (2016b) establece que en la medida en que las plataformas colaborativas consistan en proporcionar un servicio a cambio de una remuneración, a distancia, por vía electrónica y a petición individual de un prestatario de servicios, ofrecen un servicio de la sociedad de la información. Por lo tanto, no pueden estar sujetas a autorizaciones previas o cualquier requisito equivalente dirigidos específica y exclusivamente a dichos servicios. Ahora bien, en los casos en los que las plataformas, además, ofrezcan los servicios que dice intermediar, podrían estar sujetas al cumplimiento de la normativa sectorial específica, incluidos los requisitos de autorización y concesión de licencias empresariales. Determina, así, que será el análisis de cada caso el que establezca el ámbito de responsabilidad de las plataformas.

11.3 Tributación en la economía colaborativa

Otro aspecto que genera numerosos resquemores es el relativo a la tributación fiscal de las actividades de la economía colaborativa. En este aspecto hay varios ámbitos a considerar.

Tributación de la plataforma

En primer lugar, está el relativo a la tributación que deben llevar a cabo las plataformas por los beneficios que obtienen. Como ya se ha indicado, en principio, las plataformas tributan adecuadamente y, en su caso, aplican el IVA o los impuestos que correspondan en cada caso.

Eso sí, cada plataforma establece su sede fiscal en aquel país que más le interesa. En el caso europeo, en concreto, hay un gran debate al respecto de donde establecen sus sedes fiscales todas las plataformas tecnológicas, no solo las de la economía colaborativa. Es decir, donde tienen su sede y, por tanto, donde tributan Google, Amazon, Microsoft, Apple, además de las específicas de la economía colaborativa como `Uber` o `Airbnb`.

Al disponer de un mercado único europeo de productos y servicios, todas estas plataformas han elegido situar su sede fiscal en el lugar más conveniente. Muchas de ellas han elegido Irlanda como sede, país al que, en su caso, factura la filial española de la empresa, que genera por ello muy escasos beneficios en España, tributando mayormente en Irlanda. Una excepción es Amazon, cuya sede principal en Europa se encuentra en Luxemburgo, también debido a sus ventajas fiscales.

Como se puede comprobar es un tema que tiene compleja solución y que no afecta tan solo al ámbito de la economía colaborativa sino, en general, a todos aquellos servicios que prestan grandes empresas. Quizás el problema se encuentre en el hecho de disponer de un mercado único europeo en el que en cada país aplica la tributación que estime oportuna. En parte es la misma situación que se ha dado históricamente en España, cuando distintas comunidades autónomas han podido aplicar tributaciones diferenciadas a las empresas, como forma de atraer hacia su territorio las sedes de las mismas y, consecuentemente, los puestos de trabajo y la tributación correspondientes.

Tributación del prestador del servicio

La segunda cuestión es la relativa a la tributación por parte de los prestadores de servicios, en dos ámbitos: el relativo a la propia actividad económica y el pago, en su caso, de las cuotas de la seguridad social correspondientes al régimen de trabajador autónomo.

En el primer caso, se trata de una cuestión tributaria, en la que no debería haber mayor problema, salvo en lo requerido por la burocracia que implica la tributación por el IVA. Toda la actividad de la economía colaborativa en la que haya algún tipo de prestación de servicios o de cesión de bienes, a cambio de una compensación monetaria, es una transacción como cualquier otra y está, en principio, sujeta a la misma tributación. El hecho de que el prestatario del servicio realmente tribute o no lo haga, ya es un tema aparte, que entraría en el ámbito de la economía sumergida que se puede encontrar en todos los sectores económicos.

Sí hay que tener en cuenta que, como ya hemos mencionado, en ocasiones el marco legal no permite declarar los ingresos de una forma sencilla, ya que la actividad desarrollada no encaja en la legislación que la regula. En ocasiones, incluso aquellos que quieren declarar todos sus ingresos no lo tienen fácil. En el caso de España, deberían facturar a los clientes e incluir, dependiendo de si los mismos son particulares o profesionales y empresas, una retención a cuenta del impuesto de la renta y, en su caso, incorporar el IVA. Posteriormente deberían realizar la declaración trimestral de este último. Hay que destacar que, en España, en algunas comunidades autónomas (Andalucía, Aragón, Baleares, Cataluña, Galicia, Madrid, Valencia), el alquiler de vivienda vacacional está exento de IVA, excepto si se prestan servicios propios de la industria hotelera, como la limpieza, en cuyo caso deberían incluir un 10% de IVA. Sin embargo, en el caso de Canarias sí están obligados a incorporar un IVA (IGIC en esta comunidad autónoma) del 7%.

Imaginemos una persona que decide ofertar servicios de rutas turísticas en su ciudad únicamente los fines de semana, porque el resto de los días no puede hacerlo por motivos laborales o familiares. Sus ingresos serán, en principio, modestos, por los que todo lo anteriormente descrito puede sobrepasarle. En este sentido, el informe de la Comisión Europea de junio de 2016

(Comisión Europea, 2016) recoge como en algunos países la tributación está en función de criterios como el nivel mínimo de ingresos y la frecuencia de la actividad, de forma que por debajo de unos determinados umbrales los requisitos son menores para los prestadores de servicios. La propia Comisión Europea indica que el uso razonable de estos umbrales puede ser un buen mecanismo para regular la actividad sin sobrecargar normativamente a aquellos que la realizan esporádicamente.

En cuanto a la cuota de la seguridad social por la condición de trabajador autónomo, por parte del prestador de servicios, la reglamentación ofrece realmente pocas dudas. Esta última interpreta que existe una actividad profesional propia de un trabajador autónomo mientras que, como se ha visto, muchas personas pueden realizar su actividad de manera irregular y/o con unos ingresos tan bajos que hacen que el pago de la cuota mensual a la seguridad social sea un coste inasumible.

No obstante, hay algunas situaciones que quedan en un límite difícil de cuantificar. En principio, los casos en los que la actividad se presta de manera muy, muy puntual, no suelen requerir que el prestador pague la cuota correspondiente de autónomo. En cambio, si se trata de una actividad que se desarrolla de manera regular (por ejemplo, prestación de servicios tecnológicos, la fabricación de artesanía, actuar como guía de experiencias turísticas) parece lógico pensar que sí habría que estar adecuadamente dado de alta como autónomo.

Hay un caso que queda justo en medio. Se trata de aquella persona que tiene intención de dedicarse a una actividad de manera regular pero que, por el exceso de oferta existente en el sector elegido, normalmente tan solo obtiene algunos pequeños ingresos irregulares de dicha actividad. En estos casos, el pago de la cuota de autónomo mensual puede suponer unos gastos que incluso sobrepasen ampliamente el beneficio obtenido por la actividad.

De todas formas, en los casos anteriores tampoco hay mayor diferencia respecto a lo que sucede con los autónomos que desarrollan su actividad en el ámbito de la economía tradicional, los cuales históricamente siempre han tenido este mismo dilema y problema.

En los casos en los que la actividad se realice de forma puntual, suele citarse la sentencia de Tribunal Supremo de 2007 que estableció que si los ingresos son inferiores al Salario Mínimo Interprofesional entonces no es necesario darse de alta como autónomo. De todas formas, hay que tener en cuenta que esto no está recogido en norma alguna, sino que es una referencia a la que suele acudirse[98].

Cuando la actividad económica se realiza de manera habitual el argumento anterior es más cuestionable. Así, si una persona presta diferentes servicios profesionales (por ejemplo, enseñanza, intérprete, ocio, guía) durante todos los meses del año, la habitualidad es patente y, de acuerdo con la norma, debería cotizar en el régimen específico de los trabajadores autónomos. Por el contrario, una persona que ofrece servicios de guía y ocio turístico durante un mes, en el verano, parece no que lleva a cabo una actividad económica habitual (y difícilmente logrará unos ingresos iguales al Salario Mínimo Interprofesional). No obstante, aparte de los dos ejemplos extremos anteriores pueden darse muchos otros, haciendo más complejo determinar si estamos frente a una actividad económica habitual o puntual. Hay que tener en cuenta que será el individuo quien deba demostrar la no habitualidad de su actividad. En cualquier caso, cuando los ingresos superan el Salario Mínimo Interprofesional

---

[98] "Ser autónomo o no serlo con ingresos bajos en 2016", http://infoautonomos. eleconomista.es/ser-autonomo-o-no/ser-autonomo-o-no-con-ingresos-bajos/

(en España en 2016 es 9.172,80€ anuales) no habrá excusa para no pagar la cuota de autónomo.

11.4 Restricciones a la implantación de la economía colaborativa, consecuencias y recomendaciones

Ante la tesitura de no saber con toda seguridad cuáles son las ventajas y desventajas de la economía colaborativa, o no tener datos suficientes al respecto, muchos territorios han optado por dificultar en la medida de lo posible su implantación, en tanto en cuanto se van resolviendo las cuestiones legales antes mencionadas y se van definiendo los escenarios más claramente.

Frente a esta situación, hay distintas organizaciones que tratan de conseguir un marco regulatorio y normativo más favorable para la economía colaborativa. Entre ellas, en España, la Comisión Nacional de los Mercados y la Competencia (CNMC). En un informe de junio de 2016[99] cuantificó en 324 millones de euros al año la pérdida de bienestar de los consumidores por las restricciones en el ámbito del transporte entre particulares.

Por tanto, existen indicios de que se proceda de la forma que se proceda, las consecuencias son significativas y reflejan la necesidad de disponer de mayor cantidad de datos al respecto, así como de realizar estudios dirigidos a valorar las ventajas e inconvenientes que se han citado.

El informe de la Comisión Europea (2016b) aborda la cuestión regulatoria. Destaca su relevancia tanto para la implantación como para el correcto desarrollo de la economía

---

[99] "La CNMC avisa al gobierno: limitar Uber y Cabify le cuesta al Estado 324 millones", http://www.elconfidencial.com/tecnologia/2016-06-09/cnmc-taxi-uber-cabify_1214626/

colaborativa. Ante la divergencia de posiciones encontradas, incluye una serie de recomendaciones a los Estados Miembros. Se comentan a continuación.

Respecto al acceso al mercado, la Comisión expone que los requisitos deben estar justificados y ser proporcionados, teniendo en cuenta las especificidades del modelo empresarial y de los servicios innovadores en cuestión. Cita la Directiva de Servicios de la UE para recordar que los prestadores de servicios no deben estar sujetos a requisitos de acceso al mercado, tales como regímenes de autorización y la concesión de licencias, a no ser que sean necesarios por un objetivo de interés público claramente identificado y sean proporcionados a dicho objetivo. Las prohibiciones absolutas y las restricciones cuantitativas de una actividad deben ser una medida de último recurso.

A la hora de imponer estos requisitos, los Estados Miembros deberían tener en cuenta la naturaleza de las actividades a las que se dediquen y de los modelos de negocio, diferenciando entre las plataformas que efectivamente prestan servicios y las que actúan como meros intermediarios. La exigencia de requisitos de acceso a las plataformas dependerá de en qué medida presten servicios más allá de la intermediación. La determinación de esto requerirá un análisis de cada caso particular, siendo el grado en que la plataforma controla a los prestadores de servicio el criterio fundamental a utilizar.

En cuanto al régimen de responsabilidad atribuible a las plataformas, advierte que debería depender de cada caso particular en función de cómo se desarrolle la actividad. En cualquier caso, las plataformas colaborativas deberán responder por los servicios que ellas mismas ofrezcan, como los servicios de pago.

La Comisión expone que debe garantizarse un alto nivel de protección a los consumidores. Advierte que la economía colaborativa incluye todo tipo de intercambios: entre empresas, entre empresas y consumidores, entre consumidores (proveedores particulares) y empresas, y entre consumidores. De esta manera, para determinar cuáles son los derechos y obligaciones de las partes, y si la normativa de consumo resulta aplicable, es preciso analizar si los proveedores de servicios colaborativos y los usuarios son consumidores y/o empresarios.

En cuanto a los prestadores de servicios, la Comisión refleja la conveniencia de diferenciar entre los que son profesionales de los que no. Estos últimos, a los que llama pares porque asume que dan servicios a otro particular, deberían tener un trato más favorable en cuanto a requisitos. Uno de los criterios para distinguir entre los dos tipos de proveedores podrían ser los umbrales de actividad, medidos bien por ingresos o por la regularidad de la prestación.

Finalmente, también respecto a los prestadores y a la controvertida cuestión de su estatus laboral, recomienda a los Estados Miembros evaluar su legislación laboral, garantizando siempre unas condiciones de trabajo justas, para incluir las especificidades del trabajo que se desarrolla en la economía colaborativa, tanto en lo referido a profesionales autónomos como a trabajadores por cuenta ajena.

12 Asociaciones y páginas web relacionadas con la economía colaborativa

Aunque es algo que variará con frecuencia, hemos querido recopilar algunas de las principales asociaciones y páginas web relacionadas con el tema de la economía colaborativa en el ámbito español o con presencia en España.

Como ya explicamos en la parte inicial del presente libro, dentro de lo que aquí hemos definido como economía colaborativa englobamos distintos conceptos: economía compartida, economía de la colaboración, economía de los pares, economía del pequeño encargo e, incluso, algunas partes del consumo colaborativo y la economía social.

12.1 Asociaciones

- Ouishare. Comunidad global con una importante presencia en Europa dedicada a crear una sociedad colaborativa, trabajando en la economía colaborativa y la innovación colaborativa. Organiza distintos eventos en distintos lugares del mundo, además de unos premios anuales a las mejores iniciativas en este ámbito. Editan `Ouishare Magazine`.

- `Sharing España`. Sharing España se autodefine como "[...] un colectivo de empresas innovadoras que nace dentro de la `Asociación Española de la Economía Digital (Adigital)` con el objetivo de analizar y divulgar el impacto que la economía colaborativa y los modelos de negocio peer to peer tienen en el desarrollo socioeconómico, la sostenibilidad y el crecimiento [...]"[100]. Pertenecen a esta asociación, entre otros, `Airbnb`, `Uber`, `BlaBlaCar` y `HomeAway`. Dispone de un Código de Principios y Buenas Prácticas a cumplir por parte de las plataformas.

- `Asociación Española de la Economía Digital`. Uno de sus ámbitos de actuación es el referente a la economía colaborativa, donde sobre todo publican noticias al respecto[101].

- `Sharecollab`. Se autodefine como "[...] laboratorio de economía colaborativa en Colombia y Latinoamérica. Aceleramos el desarrollo de la economía colaborativa y consumo colaborativo [...]". Uno de sus principales proyectos es *Connecting the Dots*, un proyecto para mapear todas las iniciativas de economía colaborativa en Latinoamérica.

- `Commonomia`. Asociación cuyo principal objetivo es lograr el desarrollo de la economía colaborativa en Canarias.

---

[100] Definición extraída de http://www.sharingespana.es/quienes-somos/.

[101] https://www.adigital.org/tag/economia-colaborativa/

12.2 Páginas web

- Consumo colaborativo. Web de referencia en español sobre temas de consumo colaborativo. Entre otras cosas cuenta con un amplio directorio y distintos recursos sobre el tema.
- EColaborativa. Blog sobre economía colaborativa y regulación.
- Shareable. Revista digital sobre la economía de la compartición y para la transformación social.
- Ciudadano Colaborativo. Página web de la Organización de Consumidores y Usuarios (OCU) española para aquellos que quieren actuar como proveedores (prosumidores) o como consumidores en el ámbito de la economía colaborativa.

12.3 Proyectos varios

- Euro Freelancers. Red de consultores e inversores europeos en proyectos relacionados con la economía colaborativa y con soluciones de *crowdfunding*.
- The People Who Share. Empresa social cuyo objetivo fundamental es dar a conocer la *sharing economy*.
- Disruptive Innovation Festival (DIF). Evento online orientado a debatir sobre los cambios que se están produciendo a nivel global en la economía: cambios en las ciudades, en la forma de trabajar, las reglas del juego, etc.

13 Conclusiones

En este apartado exponemos nuestras conclusiones sobre el fenómeno de la economía colaborativa. Quizás la más básica es que la economía colaborativa es una actividad que ha crecido significativamente en pocos años y, de acuerdo con los estudios e informes consultados, se prevé que siga haciéndolo. Debido a ello, y como todo fenómeno en evolución, creemos que resulta lógico que todavía haya muchas incertidumbres por resolver, muchas cuestiones que debatir, muchos aspectos que regular.

A continuación, presentamos nuestras conclusiones agrupadas en lo que entendemos que tiene de bueno la economía colaborativa, lo que entendemos que tiene de no tan bueno y los principales retos que hay que resolver, así como algunos posibles escenarios futuros.

13.1 Lo bueno de la economía colaborativa

La economía colaborativa supone una serie de alternativas de consumo adicionales a las que ofrece la economía tradicional para la población. Es decir, con la existencia de la economía colaborativa el consumidor tiene más opciones donde elegir. Esto implica, por un lado, la posibilidad de encontrar productos o servicios más ajustados a las necesidades de las personas y, por otro, que la oferta tradicional se vea forzada a mejorar y a adaptarse de cara a no perder cuota de mercado.

Además, la economía colaborativa mejora la transparencia en determinadas relaciones de intercambio económico respecto a su equivalente en la economía tradicional. Así, los consumidores, mediante las valoraciones de otros clientes, pueden tener de antemano información útil para acertar en la decisión de compra. Esto ocurre también en algunas actividades económicas tradicionales (por ejemplo, hoteles, restaurantes, y ocio), pero en otras no. Estos últimos casos son, principalmente, los relacionados con los servicios profesionales, tanto los que requieren una alta cualificación (por ejemplo, realización de diseño gráfico, traducciones, o desarrollo de una aplicación informática) como los que no (por ejemplo, mudanza, entregas, montaje de muebles, o limpieza).

También creemos oportuno mencionar que la economía colaborativa supone una oportunidad para rentabilizar activos o habilidades personales disponibles. Las personas pueden fácilmente acceder al mercado y obtener unos ingresos a sus recursos ociosos. Los datos, hasta ahora, reflejan que estos ingresos tienen más el carácter de complementarios que de principales. Esto mismo podría aplicarse a emprendedores, los cuales pueden participar en las plataformas de la economía colaborativa consiguiendo un canal de comercialización más para su actividad empresarial.

Además, la economía colaborativa genera actividad económica a su alrededor, por ejemplo: mantenimiento y limpieza de viviendas vacacionales, consumo en los supermercados, tiendas y restaurantes en las zonas en las se localizan estas viviendas. A falta de datos concluyentes, parece que la economía colaborativa puede disminuir el impacto medioambiental que conlleva el consumo basado en la propiedad.

A su vez, la economía colaborativa permite el acceso a mercados más allá de los límites del territorio en el que se reside. Esto se aplica a intercambios que no requieren la presencia física del trabajador, suponiendo una oportunidad de ingresos para los habitantes de zonas que experimenten dificultades económicas.

Otro tema es el relativo a que el tipo de productos y servicios que se ofrecen en la economía colaborativa son más cercanos a una serie de valores que buscan hoy en día muchos usuarios: cercanía y conocimiento del prestador de servicios, mejor adaptación a sus necesidades y requerimientos, sensación más personal. Incluso entender que sus gastos están beneficiando a un mayor número de personas que si consumen productos y servicios ofrecidos por grandes corporaciones. Ya hemos indicado que no existen aún datos empíricos y contrastados respecto a estas cuestiones, ni desde el punto de vista de la percepción del consumidor ni desde el punto de vista de analizar si estos aspectos son ciertos o no desde un punto de vista objetivo.

Por último, mencionamos que la economía colaborativa permite relaciones de intercambio más directas, lo que puede ser beneficioso tanto para el consumidor (posibilidad de tratar directamente con el prestador del servicio y acordar de una manera más efectiva el contenido del mismo) como para el trabajador (cuantos menos intermediarios, menor será el número de posibles comisionistas en el precio de sus servicios). Esto se aplica principalmente a las plataformas que dan libertad a los proveedores de productos y servicios para establecer los precios y condiciones de venta de los productos o de prestación de los servicios.

13.2 Lo no tan bueno de la economía colaborativa

La economía colaborativa no está exenta de algunas cuestiones no tan positivas como las citadas en el apartado anterior, más aún si tenemos en cuenta de que se trata de un fenómeno incipiente en el cual quedan muchas cuestiones por dilucidar.

Por ejemplo, en caso de que el consumo mediante la economía colaborativa no sea satisfactorio, los mecanismos con los que cuentan los consumidores para reclamar no son tan evidentes como en la economía tradicional.

Por otro lado, la normativa que regula la actividad económica no encaja en muchos casos con las actividades que se hacen mediante la economía colaborativa, haciendo que esta se desarrolle en una situación de inseguridad jurídica.

Además, mucha de la actividad que se desarrolla en la economía colaborativa no tributa, dado lo descrito en el párrafo anterior, lo cual hace que el Estado no obtenga ingresos y que negocios equivalentes de la economía tradicional estén en una posición de desventaja. Esta situación se ve agravada cuando tenemos en cuenta la gran cantidad de normativa y legislación a la que se encuentran sujetos los negocios de la economía tradicional.

Adicionalmente, la normativa existente para regular la economía colaborativa depende, en la mayoría de los casos y sectores, del territorio (país o región) en el que se desarrolle, lo cual complica su puesta en práctica y condiciona su crecimiento y expansión.

También es posible que ocurra que las actividades de la economía colaborativa, para las que existen actividades similares en la economía tradicional fuertemente reguladas (por ejemplo, en el transporte de pasajeros), pueden terminar desplazando estas últimas. La explicación residiría en que una de las principales ventajas competitivas del modelo de la economía colaborativa pueda ser que se encuentra poco regulada, frente al modelo tradicional que se encuentra fuertemente regulado.

En cuanto al tipo de trabajo, ya hemos comentado que las características de las labores que desarrollan muchos de los participantes en la economía colaborativa no se ajustan a los requisitos que demanda ejercer una actividad como trabajador autónomo. De querer cumplirlos el trabajo no resultaría económicamente viable. Por tanto, trabajar en exclusiva en la economía colaborativa puede implicar situaciones de baja protección social (por ejemplo, en situaciones de desempleo, enfermedad o jubilación).

Es necesario citar que algunas plataformas van más allá de la intermediación, condicionando y dirigiendo el trabajo que realizan las personas en la economía colaborativa. De esta manera no se dan las ventajas de independencia y flexibilidad laboral muchas veces resaltadas. Es decir, las empresas obtienen los beneficios propios de contar con trabajadores por cuenta ajena, pero evitan los costes que conlleva esta condición (salario mínimo interprofesional, tiempo de descanso, aplicación de convenio colectivo, cotización a la seguridad social, limitaciones en la organización del trabajo, etc.).

Por último, mencionamos que economía colaborativa basada en intercambios que no requieren la presencia física del trabajador (por ejemplo, el diseño gráfico o la traducción de textos) puede hacer poco competitivos los honorarios de los profesionales que residen en zonas con ingresos medios más elevados, ya que comparten los clientes con profesionales residentes en territorios con ingresos medios inferiores. También es cierto que este argumento podría ser visto desde el otro lado de la moneda, es decir, de las ventajas que la economía colaborativa puede suponer para trabajadores que se encuentran alejados de los centros económicos mundiales.

13.3 Los retos de la economía colaborativa

Como resumen de los dos puntos anteriores, citamos los principales retos que, a nuestro juicio, deben resolverse por todas las partes en el ámbito de la economía colaborativa

En primer lugar, cuestiones laborales relativas a los proveedores de productos y servicios (Telles, 2016). Por ejemplo, las mencionadas cuestiones de inestabilidad en los ingresos, la baja protección social de los que desempeñan su labor en este ámbito, y el hecho de que los mismos son responsables de su formación y del mantenimiento de los bienes necesarios para prestar los servicios. Por ello, se ha señalado que uno de los retos de la economía colaborativa es que las plataformas apliquen modelos de funcionamiento equitativos, que compaginen el servicio al cliente con el bienestar del trabajador (Dillahunt *et al.*, 2016).

En segundo lugar, cuestiones relativas a la privacidad del consumidor (Telles, 2016). En la mayoría de los casos, no queda correctamente delimitado quién se encarga de la gestión de los datos personales y de la explotación de las posibles tendencias de uso.

En tercer y último lugar, cuestiones relacionadas con lograr una regulación satisfactoria. Lograr una regulación que no limite la flexibilidad propia de la economía colaborativa y que, a la vez, la equipare, en cuanto a cumplimiento de requisitos legales, con la actividad económica tradicional.

Pero quizás, además de superar los aspectos citados en el apartado de las cosas no tan buenas de la economía colaborativa, el mayor reto que afronta la misma es el riesgo de que algunas de las plataformas existentes terminen convirtiéndose en algo muy parecido a las grandes empresas de la economía tradicional: organizaciones que, basándose en sus recursos humanos, dan servicios predefinidos con muy poca adaptación a las peticiones de los consumidores. De ser así, estas plataformas perderían la esencia de la economía colaborativa.

Resumimos, en el cuadro 13.1, las principales cuestiones comentadas hasta ahora en esta sección.

Cuadro 13.1. Lo bueno, lo no tan bueno y los retos de la economía colaborativa

Lo bueno	- Más opciones para el consumidor - Fuerza que la economía tradicional mejore - Más transparencia (valoraciones del consumidor previo) - Permite rentabilizar activos disponibles - Mejora medioambiental - Aplanamiento mundial - Cercanía a los valores del consumidor - Trato directo consumidor-proveedor - Independencia y flexibilidad del trabajador
Lo no tan bueno	- Mecanismos de reclamación para el consumidor poco claros - Normativa no adaptada - Casos de no tributación - Legislación compleja de poner en marcha - Casos de competencia desleal - Desprotección del trabajador - Dudas acerca de la independencia y flexibilidad del trabajador
Los retos	- Resolver los aspectos laborales - Garantizar la privacidad del consumidor - Regular normativamente las actividades - Pérdida de la esencia de la economía colaborativa

Fuente: elaboración propia

13.4 Escenarios futuros de la economía colaborativa

Ya hemos comentado que diversos informes ofrecen cifras de crecimiento de la economía colaborativa realmente significativas en los próximos años. En este sentido, lo que se pronostica es una mayor presencia de la misma en la sociedad.

Frente a esta visión de que el fenómeno continuará expandiéndose siguiendo un modelo relativamente similar al actual, varios autores (por ejemplo, Goudin *et al.*, 2016; Aldo Agostinelli[102]) contemplan un escenario bastante distinto. En este caso, se prevé que la economía colaborativa sea cada vez más parecida a la economía tradicional y haya pocos elementos realmente distintivos de la misma.

Por ejemplo, en la actualidad se menciona frecuentemente que la economía colaborativa permite aprovechar recursos infrautilizados (por ejemplo, un coche o un taladro). Pero si se sigue expandiendo la economía colaborativa, en unos años, muchos de los que compren coches lo harán para proporcionar servicios de transporte a otros. O, como ya está ocurriendo, comprarán apartamentos con el único objetivo de alquilarlos. Desde otro punto de vista, si podemos alquilar muchos de los bienes que necesitamos, cuando el bien que poseemos llegue al final de su vida útil, quizás no compremos otro para reemplazarlo si no es con la visión de rentabilizar su posesión alquilándolo. En esta situación, este aprovechamiento de recursos infrautilizados dejará de ser cierto y una buena parte de la economía colaborativa se convertirá en economía tradicional y volverá a ser dominada por transacciones empresa-a-consumidor (B2C).

Esta cuestión es especialmente significativa en inglés, debido al uso generalizado del término *sharing economy*, ya que de

---

[102] "The Issue With The Sharing Economy", https://aldoagostinelli.com/2016/08/26/the-issue-with-the-sharing-economy/

producirse una tendencia como la anterior cada vez habrá menos de compartición (*sharing*) y más un proceso de intercambio económico con fin lucrativo, simplemente.

Frente a esta perspectiva, tenemos la visión opuesta de Rifkin (2014). Para Rifkin, lo que estamos viendo actualmente no es más que la punta del iceberg. El procomún colaborativo se convertirá, según este autor, en el sistema económico dominante en el siglo XXI. En tanto en cuanto seamos capaces de producir bienes y servicios digitales a un coste marginal casi nulo; en la medida en que podamos fabricar productos en casa con una impresora 3D, compartiendo los diseños de manera colaborativa; en la medida en que todos los consumidores se transformen en prosumidores (productores-consumidores); y en la medida en que se lleve a cabo una mejor distribución de recursos y riqueza en el planeta, nuestra sociedad va sufrir una transformación como nunca antes se había visto.

13.5 Conclusión final

Quizás la conclusión final principal de este libro sea que no hay una conclusión como tal. La economía colaborativa es un fenómeno en evolución, que se está desarrollando en estos momentos y que tan solo dentro de 5 o 10 años podremos contemplar y entender en toda su naturaleza y, consecuentemente, analizar el impacto que ha tenido.

Ahora bien, en tanto en cuanto se trata de algo que está teniendo un impacto tan profundo en las personas, en la economía, en la sociedad y en los modos de producción, parece evidente que la solución no puede consistir en esperar a ver qué pasa.

Al contrario, creemos que es necesario abrir espacios de debate entre todos los implicados, analizar lo que está pasando en tiempo real, aunque los datos con los que contemos sean escasos e incompletos, aunque la realidad sea aun difusa.

En este sentido, esperamos que la presente obra pueda contribuir a ese proceso de debate. Los autores estamos abiertos a todas las sugerencias y mejoras que nos quieran hacer llegar, de cara a su incorporación a versiones posteriores.

Bibliografía y enlaces a las plataformas analizadas

Bibliografía citada en el texto

Aloisi, A. (2015). *The Rising of On-Demand Work, A Case Study Research on a Set of Online Platforms and Apps.* Disponible en: http://papers.ssrn.com/sol3/Papers.cfm?abstract_id=26 37485.

Avital, M., Carroll, J. M., Hjalmarsson, A., Levina, N., Malhotra, A. y Sundararajan, A. (2015). The Sharing Economy: Friend or Foe? *Proceedings de International Conference on Information Systems (ICIS) 2015.* Disponible en http://aisel.aisnet.org/ icis2015/proceedings/Panels/3/.

Bauwens, M. (2012). Thesis on Digital Labor in an Emerging p2p Economy. En T. Scholz (Ed.), *Digital Labor: The Internet as Playground and Factory* (págs. 207-210). Nueva York: Routledge.

Belk, R. (2014). You are what you can access: Sharing and collaborative consumption online. *Journal of Business Research*, 67(8), 1595-1600.

Bitner, M. J., Booms, B. H. y Tetreault, M. S. (1990). The service encounter: diagnosing favorable and unfavorable incidents. *The Journal of Marketing*, 54(1), 71-84.

Bitner, M. J., Brown, S. W. y Meuter, M. L. (2000). Technology infusion in service encounters. *Journal of the Academy of Marketing Science*, 28(1), 138-149.

Botsman, R. y Rogers, R. (2010). *What's Mine Is Yours: The Rise of Collaborative Consumption*. Harper Business.

Cañigueral, A. (2014). *Vivir mejor con menos. Descubre las ventajas de la nueva economía colaborativa*. Barcelona: Penguin Random House Grupo Editorial, S. A. U.

CEHAT (2016). *Observaciones al estudio de la CNMC sobre los nuevos modelos de prestación de servicios y la economía colaborativa (E/CNMC/004/15)*. Disponible en http://www.cehat.com/adjuntos/fichero_7805_20160419.pdf.

Cheng, D. (2014). *Is sharing really caring? A nuanced introduction to the peer economy*. Open Society Foundations. Disponible en http://static.opensocietyfoundations.org/misc/future-of-work/the-sharing-economy.pdf.

Cheng, M. (2016). Sharing economy: A review and agenda for future research. *International Journal of Hospitality Management*, 57, 60-70.

Cócola Gant, A. (2016). *Apartamentos turísticos, hoteles y desplazamiento de población*. Disponible en http://agustincocolagant.net/ apartamentos-turisticos-hoteles-y-desplazamiento-de-poblacion/.

Cohen, P., Hahn, R., Hall, J., Levitt, S. y Metcalfe, R. (2016). *Using Big Data to Estimate Consumer Surplus: The Case of Uber*. National Bureau of Economic Research.

Disponible en http://www.nber.org/papers/w22627.pdf

Comisión Europea (2016a). *European agenda for the collaborative economy - supporting analysis.* Disponible en http://ec.europa.eu/DocsRoom/documents/16881/attachments/3/translations.

Comisión Europea (2016b). *Una Agenda Europea para la Economía Colaborativa.* Disponible en http://europa.eu/rapid/press-release_IP-16-2001_es.htm.

Comisión Europea (2016c). *More than profit: a collaborative economy with a social purpose. Preliminary review of how collaborative economy models can help address social challenges in Europe and the characteristics of current activities.* Disponible en http://ec.europa.eu/DocsRoom/documents/18443/attachments/1/translations/en/renditions/native.

Comité de las Regiones (2015). *115° Pleno de los días 3 y 4 de diciembre de 2015, DICTAMEN, La dimensión local y regional de la economía colaborativa.* Disponible en http://cor.europa.eu/es/activities/opinions/pages/opinion-factsheet.aspx?OpinionNumber=CDR%202698/2015.

Como, E., Mathis, A., Tognetti, M. y Rapisardi, A. (2016). *Cooperative platforms in a European Landscape: an exploratory study.* Disponible en https://coopseurope.coop/resources/press-releases/collaborative-economy-opportunity-cooperatives-new-study-released.

De Groen, W. P., Maselli, I. y Fabo, B. (2016) The Digital Market for Local Services: A One-Night Stand for Workers? An Example from the On-Demand Economy. *CEPS Special Report, No. 133.* Available at SSRN: http://ssrn.com/abstract=2766220.

De Haro, G. y Cerijo, M. (2016). *Los límites de la economía colaborativa*. Disponible en https://www.slideshare. net/slideshow/ embed_code/key/sqSfZachS4GL8E.

Dillahunt, T., Lampinen, A., O'Neill, J., Terveen, L., y Kendrick, C. (2016, February). Does the Sharing Economy do any Good? En *Proceedings of the 19th ACM Conference on Computer Supported Cooperative Work and Social Computing Companion* (pp. 197-200). ACM.

Domenech-Pascual, G. (2015). *La regulación de la economía colaborativa en el transporte urbano de pasajeros*. Disponible en http://www.academia.edu/27979712/La_regulacion_de _la_economia_colaborativa_en_el_transporte_urbano_d e_pasajeros.

Eckhardt, G. M. y Bardhi, F. (2015). The Sharing Economy Isn't about Sharing at All. *Harvard Business Review*. Disponible https://hbr.org/2015/01/the-sharing-economy-isnt-about-sharing-at-all.

Edelman, B., y Luca, M. (2014). *Digital Discrimination: The Case of Airbnb.com*. Cambridge, MA: Harvard Business School. Disponible en http://papers.ssrn.com/sol3/papers.cfm? abstract_id=2377353.

Ert, E., Fleischer, A. y Magen, N. (2016). Trust and reputation in the sharing economy: The role of personal photos in Airbnb. *Tourism Management*, 55, 62-73.

Evans, D.S. y Schmalensee, R. (2016). *The Matchmakers: The New Economics of Multisided Platforms*. Boston (MA): Harvard Business Review Press.

Fang, B., Ye, Q., y Law, R. (2016). Effect of sharing economy on tourism industry employment. *Annals of Tourism Research*, 57, 264-267.

Felson, M. y Spaeth, J. L. (1978). Community Structure and Collaborative Consumption: A Routine Activity Approach. *The American Behavioral Scientist*, 21(4), 614.

Friedman, T. (2006). *La tierra es plana: breve historia del mundo globalizado del siglo XXI*. Martínez Roca.

Gines i Fabrellas, A. y Gálvez Duran, S. (2016). Sharing economy vs. uber economy y las fronteras del Derecho del Trabajo: la (des) protección de los trabajadores en el nuevo entorno digital. *InDret, Revista para el Análisis del Derecho*, 1. Disponible en http://papers.ssrn.com/sol3/papers.cfm? abstract_id=2737857.

Gold, L. (2004). *The sharing economy: solidarity networks transforming globalisation*. Gower Publishing, Ltd.

Goldin, C. D. y Katz, L. F. (2009). *The race between education and technology*. Harvard University Press.

Goudin, P. (2016). *The Cost of Non-Europe in the Sharing Economy. Economic, Social and Legal Challenges and Opportunities*. European Parliamentary Research Service. Disponible en http://www.europarl.europa.eu/ RegData/etudes/STUD/2016/558777/EPRS_STU(201 6)558777_EN.pdf

Hall, J. V. y Krueger, A. B. (2015). *An analysis of the labor market for Uber's driver-partners in the United States*. Disponible en https://assets.documentcloud.org/documents/1507970/ uberstudy.pdf.

Hamari, J., Sjöklint, M. y Ukkonen, A. (2015). The sharing economy: Why people participate in collaborative consumption. *Journal of the Association for Information Science and Technology*. doi: 10.1002/asi.23552.

Jaconi, M. (2014). The 'On-Demand Economy' Is Revolutionizing Consumer Behavior — Here's How. *Business Insider*. Disponible en http://www.businessinsider.com/the-on-demand-economy-2014-7.

Martínez-Tur, V., Peiró, J. M. y Ramos, J. (2001). *Calidad de servicio y satisfacción del cliente*. Madrid: Síntesis.

Maselli, I. y Fabo, B. (2015). Digital workers by design? An example from the on-demand economy. *CEPS Working Document No. 414*. Disponible en https://www.ceps.eu/publications/digital-workers-design-example-demand-economy.

Matzle, K., Veider, V. y Kathan, W. (2015). Adapting to the sharing economy. *MIT Sloan Management Review*, 56(2), 71-77.

Melián-González, S. y Bulchand-Gidumal, J. (2015). Competencias requeridas por el nuevo trabajo en turismo. *Investigaciones turísticas*, 10 (Julio-Diciembre).

Nieto, J. (2010). La desnaturalización del trabajador autónomo: el autónomo dependiente. *Revista universitaria de ciencias del trabajo*, 11, 177-194.

Oliver, R. L. (2006). Customer satisfaction research. En R. Grover y M. Vriens (Eds.), *The Handbook of Marketing Research*. Thousand Oaks, CA: Sage.

Park, C. y Kim, Y. (2003). Identifying key factors affecting consumer purchase behavior in an online shopping context. *International Journal of Retail & Distribution Management*, 31(1), 16-29.

Porter, M.E. y Kramer, M.R. (2011). Creating shared value. *Harvard Business Review*, enero-febrero de 2011. Disponible en https://hbr.org/2011/01/the-big-idea-creating-shared-value.

Rifkin, J. (2014). *La sociedad de coste marginal cero. El Internet de las cosas, el procomún colaborativo y el eclipse del capitalismo*. Paidós.

Rozin, P. y Royzman, E. B. (2001). Negativity bias, negativity dominance, and contagion. *Personality and Social Psychology Review*, 5(4), 296-320.

Sacks, D. (2011). The sharing economy. *Fast company*, 155, 88-131. Disponible en http://www.fastcompany.com/1747551/ sharing-economy.

Scholz, T. (2016). *Cooperativismo de plataforma. Desafiando la economía colaborativa corporativa.* Publicaciones Dimmons, Barcelona.

Shaheen, S. A., Chan, N. D., y Gaynor, T. (2016). Casual carpooling in the San Francisco Bay Area: Understanding user characteristics, behaviors, and motivations. *Transport Policy*, en prensa.

Sundarajaran, A. (2014). *Peer-to-Peer Businesses and the Sharing (Collaborative) Economy: Overview, Economic Effects and Regulatory Issues.* Written testimony for the hearing titled The Power of Connection: Peer to Peer Businesses, January. Disponible en http://smbiz.house.gov/ uploadedfiles/1-15-2014_revised_sundararajan_ testimony.pdf.

Sundararajan, A. (2013). From Zipcar to the Sharing Economy. *Harvard Business Review.* Disponible en https://hbr.org/2013/01/from-zipcar-to-the-sharing-eco.

Tapscott, D. y Tapscott, A. (2016). *Blockchain Revolution: How the Technology Behind Bitcoin Is Changing Money, Business, and the World.* Nueva York: Portfolio.

Telles, R. J. (2016). *Digital Matching Firms: A New Definition in the "Sharing Economy" Space.* Disponible en http://www.esa.gov/sites/default/files/digital-matching-firms-new-definition-sharing-economy-space.pdf.

TNS Political & Social (solicitado por la Comisión Europea) (2016). *Flash Eurobarometer 438, The use of collaborative platforms.* Disponible en http://ec.europa.eu/COMMFrontOffice/PublicOpinion/index.cfm/WhatsNew/index.

Todolí-Signes, A. (2015a). *The End of the Subordinate Worker: Sharing Economy, On-Demand Economy, Crowdsourcing, Uber Economy and Other Ways of Outsourcing.* Disponible en http://papers.ssrn.com/sol3/ papers.cfm?abstract_id= 2719772.

Todolí-Signes, A. (2015b). El Impacto De La "Uber Economy" En Las Relaciones Laborales: Los Efectos De Las Plataformas Virtuales En El Contrato de Trabajo. *IusLabor*, 3, 1-25.

Vara Arribas, G. (2016). *The Cost of Non-Europe in the Sharing Economy: legal aspects. European Institute of Public Administration.* Disponible en http://www.europarl.europa.eu/RegData/etudes/STUD/2016/558777/EPRS_STU(2016)558777_EN.pdf.

Vaughan, R. y Daverio, R. (2016). *Assessing the size and presence of the collaborative economy in Europe.* European Commission (DG GROW). Disponible en http://ec.europa.eu/DocsRoom/documents/16952/attachments/1/translations/en/renditions/pdf.

Vázquez, K. (2016). Confianza, base del nuevo capitalismo. *El País Semanal.* Disponible en http://elpais.com/elpais/2014/07/25/eps/1406311750_504341.html.

Villar Rojas, F.J. (2009). La política turística de Canarias. En Simancas Cruz, M. (Ed.). *El impacto de la crisis en la economía canaria. Claves para el futuro.* Real Sociedad Económica de Amigos del País de Tenerife, 467-492, La Laguna.

Vogel, H. L. (2016). *Travel Industry Economics: A Guide for Financial Analysis.* Suiza: Springer.

Wang, D., Li, M., Guo, P., y Xu, W. (2016). The Impact of Sharing Economy on the Diversification of Tourism Products: Implications for Tourist Experience. En Inversini, A. y Schegg, R. (2016). *Information and Communication Technologies in Tourism 2016* (págs. 683-694). Bilbao. Springer International Publishing.

Wolfinbarger, M. y Gilly, M. (2001). Shopping online for freedom, control, and fun. *California Management Review*, 43(2), 34-55.

Zervas, G., Proserpio, D., y Byers, J. (2016). The rise of the sharing economy: Estimating the impact of Airbnb on the hotel industry. *Boston U. School of Management Research Paper.* Disponible en: http://papers.ssrn.com/sol3/papers.cfm? abstract-id=2366898.

Otros contenidos e iniciativas de interés

- Programa en RTVE sobre economía colaborativa, http://www.rtve.es/alacarta/videos/economia-de-bolsillo/economia-bolsillo-economia-colaborativa/3657622/. (25 minutos).
- Curso de Ouishare de economía colaborativa, http://economiacolaborativa.org/inscribete.
- Diplomado en Economía Colaborativa de la Universidad Sergio Arboleda, http://info.usergioarboleda.edu.co/educacion-ejecutiva/economia-colaborativa.

- Directorio de plataformas de economía colaborativa - http://www.elreferente.es/tecnologicos/directorio-plataformas-economia-colaborativa-espana-28955.
- Periódico de economía colaborativa - http://paper.li/appquilo/1445002158.

Páginas web de las empresas mencionadas

9
9flats - https://www.9flats.com/es

A
ABoatTime - https://aboattime.com/es/
Airbnb - https://www.airbnb.es/
AirTasker - https://www.airtasker.com/
Amazon Handmade - https://services.amazon.es/handmade.htm
Amazon Mechanical Turk - https://www.mturk.com/mturk/welcome
Amovens - https://amovens.com/
AskForTask - https://www.askfortask.com/
Asociación Española de la Economía Digital - https://www.adigital.org/

B
Bag Borrow or Steal - http://www.bagborroworsteal.com/
Barnraiser - https://www.barnraiser.us/
BeMate - https://es.bemate.com/
Bendita Cocina - http://www.benditacocina.com/
Bento - http://www.bentonow.com/
Beyond Pricing - https://beyondpricing.com/

BlaBlaCar – https://www.blablacar.es/
Bluemove - https://bluemove.es/es
Boaterfly - https://www.boaterfly.com/es
Boatsetter - https://www.boatsetter.com/
BonAppetour - https://www.bonappetour.com/es
Breather - https://breather.com/.

C
Cabify - https://cabify.com/
Campinmygarden - http://campinmygarden.com/
Car2Go - https://www.car2go.com/US/en/
Cargomatic - https://www.cargomatic.com/
CARMAnation - https://www.carmanation.com/
Chariot - https://www.chariot.com/
Chefly - https://chefly.co/
Chegg - https://www.chegg.com/
Chicfy - https://www.chicfy.com/
Ciudadano Colaborativo - http://www.ocu.org/ciudadano-colaborativo
Click&Boat - https://www.clickandboat.com/es
CoachUp - https://www.coachup.com/
CoContest - https://www.cocontest.com/
CoJetage - https://www.cojetage.com/
Commonomia - http://www.commonomia.org/
Comunitae - https://www.comunitae.com/
Consumo   Colaborativo   -
http://www.consumocolaborativo.com/
Couchsurfing - https://www.couchsurfing.com/
Coursera - https://es.coursera.org/
craigslist - https://www.craigslist.org/
cronoshare - http://www.cronoshare.com/
CrossLend - https://es.crosslend.com/

Crowdfunder - https://www.crowdfunder.com/
crowdSPRING - https://www.crowdspring.com/

D

Deliveroo - https://deliveroo.es/es/
Disruptive Innovation Festival - https://www.thinkdif.co/
DogBuddy - https://es.dogbuddy.com/
DogVacay - https://dogvacay.com/
DriveNow - https://de.drive-now.com/
Drivy – https://www.drivy.es/

E

EatWith - https://www.eatwith.com/es/
EasyCarClub - https://carclub.easycar.com/
ebay - http://www.ebay.es/
Ecolaborativa - https://ecolaborativa.com/
edX - https://www.edx.org/
EsLife - http://www.eslife.es/ (Cerrada)
etece - http://etece.es/
Etsy - https://www.etsy.com/es/
Euro Freelancers - http://www.euro-freelancers.eu/
Everbooked - https://www.everbooked.com/
Evergreen B&B Club - https://www.evergreenclub.com/
Exclusive Exchanges - http://www.exclusiveexchanges.com/

F

Fairmondo - https://www.fairmondo.de/
Feastly – https://eatfeastly.com/
Flatguest - http://www.flatguest.com/
FlightCar - http://farewell.flightcar.com/ (Cerrada)
FlipKey - https://www.flipkey.com/

Fiverr - https://www.fiverr.com/
FreeCycle - https://www.freecycle.org/
freecaravan - http://www.freecaravan.com/
Freelancer - https://www.freelancer.com
Freelancers Union - https://www.freelancersunion.org/
Friendsurance - http://www.friendsurance.com/
FundingCircle - https://www.fundingcircle.com/es/

G
GarageScanner - http://www.garagescanner.com/
GetAround - https://www.getaround.com/
GetMyBoat - https://getmyboat.com/
GetYourHero - https://getyourhero.com/trabajo-de-limpieza/
glovo - https://glovoapp.com/
Gogoro - https://www.gogoro.com/
Goi - http://letsgoi.com/
Grow.ly - https://www.grow.ly/
GrubMarket - https://www.grubmarket.com/welcome
GuestHop - http://guesthop.com/
GuesttoGuest - https://www.guesttoguest.es/es/
Guesty - https://www.guesty.com/
Guevara - https://heyguevara.com/
Guru - http://www.guru.com/

H
Handy - https://www.handy.com/
HazTruequing – http://www.haztruequing.com/
HelloFresh - https://www.hellofresh.com/tasty/
Hipcamp - https://www.hipcamp.com/
holidaylettings – https://www.holidaylettings.com/
HomeAdvisor - http://www.homeadvisor.com/

HomeAway - https://www.homeaway.es/
HomeExchange — http://www.homeexchange.com, que a su vez
redirige a https://www.intercambiocasas.com/es/
Homelidays - https://www.homelidays.es/
Hopwork - https://www.hopwork.fr/
Hostmaker - https://hostmaker.co/barcelona/
HostTonight - https://www.hosttonight.com/es/
Housers - https://www.housers.es/es
HouseTrip - https://www.housetrip.es/
Hundredrooms - https://www.hundredrooms.com/

I
Instacart - https://www.instacart.com/
Instructables - http://www.instructables.com/
IntercambioDeCasas   -
https://www.intercambiocasas.com/es/

J
JetSmarter - https://jetsmarter.com/genius-idea/
JobMapp - https://jobmapp.com/
joyners - https://www.joyners.es/
JustPark - https://www.justpark.com/

K
Kantox - http://www.kantox.com/es/
Khan Academy - https://es.khanacademy.org/
Kickstarter - https://www.kickstarter.com/

L
L'Habibliothèque - http://www.lhabibliotheque.com/
Lanzame - http://lanzame.es/

LaZooz - http://www.lazooz.net/
LeftoverSwap -
https://play.google.com/store/apps/details?id=com.
greasedwatermelon.leftoverswap
ListMinut - https://listminut.be/
Local Motion - https://www.getlocalmotion.com/
Love Home Swap - http://www.lovehomeswap.com/
Lyft - https://www.lyft.com/

M
MachineryLink - https://www.machinerylink.com/
Make: - https://makezine.com/
MarketPlacer - http://marketplacer.com/
Meal Sharing - https://www.mealsharing.com/
Metromile - https://www.metromile.com/uber/
MilAnuncios - http://www.milanuncios.es/
Munchery - https://munchery.com/
MuniRent - https://www.munirent.co/
MyGlamm - http://www.myglamm.com/

N
Nautal - http://www.nautal.es/
Near Me - http://www.near-me.com/
Nidmi - http://www.nidmi.es/
NightSwapping - https://www.nightswapping.com/es-es/
Nimber - https://www.nimber.com/
Niumba - https://www.niumba.com/

O
onefinestay - https://www.onefinestay.com/

Open Shed - https://www.openshed.com.au/
Orotava.Hackerspace - http://www.orohack.com/
Ouishare - http://ouishare.net/es/
Ouishare Magazine - http://magazine.ouishare.net/es/

P

P2PU - https://courses.p2pu.org/es/
Parqex — http://parqex.com/
Parquo - https://www.parquo.com/
ParkingHood - http://www.parkinghood.com/
PeerBy - https://www.peerby.com/
PeerSpace - https://www.peerspace.com/
PeopleInTheNet - http://www.peopleinthe.net/
PeoplePerHour — https://www.peopleperhour.com/
Percentil - http://percentil.com/
PiggyBee - http://www.piggybee.com/es/
PlacesToWork - https://placestowork.co/
Pley - https://www.pley.com/
Pooper - http://pooperapp.com/
PopExpert - https://www.popexpert.com/
PopPlaces - https://es.popplaces.com/
PoshMark - https://poshmark.com/
Postmates - https://postmates.com/
Preply - https://preply.com/es/

R

RallyBus - http://rallybus.net/
ReFashioner - http://refashioner.com/
Rent the Runway - https://www.renttherunway.com/
Rentalia - http://es.rentalia.com/
Respiro - http://www.respiro.es/
RideLink - https://ridelink.com/
Rocksbox - https://www.rocksbox.com/

Roost - https://www.roost.com/

S
Sailo - https://www.sailo.com/
Saucey - https://sauceyapp.com/
Sci-Hub - http://sci-hub.cc/
Segundamanita - http://segundamanita.com/
ShadowFax - http://shadowfax.in
Shapeways - http://www.shapeways.com/
Shareable - http://www.shareable.net/
Sharecollab - http://www.sharecollab.co/
ShareDesk - https://www.sharedesk.net/
Sharetribe - https://www.sharetribe.com/
ShareYourMeal - https://www.shareyourmeal.net/
Sharing Academy – https://sharingacademy.com/es/
Sharing España - http://www.sharingespana.es/
Sheaply - https://www.sheaply.com/spa/pages/display/home
SherpaShare - https://www.sherpashare.com/
Shuddle - https://shuddle.us/ (Cerrada)
Shyp - https://www.shyp.com/
SkillShare - https://www.skillshare.com/
Smart Host - https://smarthost.me/
SocialCar - https://www.socialcar.com
Spacebee - http://spacebee.com/
Spinlister - https://es.spinlister.com/
Spotoops - http://www.spotoops.com/
SnappCar - https://www.snappcar.nl/
Stashbee - http://www.stashbee.com/
SreetBarter - http://streetbarter.com/es/
StoreFront - https://www.thestorefront.com/
Stylelend - https://www.stylelend.com/
SwipeCast - http://www.swipecast.com/index

T

Takeachef - https://www.takeachef.com/

TaskRabbit - https://www.taskrabbit.com/

The Crowd Angel - https://www.thecrowdangel.com/

The Food Asembly — https://thefoodassembly.com/en y https://lacolmenaquedicesi.es/es

The Grommet - https://www.thegrommet.com/

The People Who Share - http://www.thepeoplewhoshare.com/

ticketbis - http://www.ticketbis.com/

Tiruleta - http://tiruleta.es/

ToursByLocals - https://www.toursbylocals.com/

ToysTrunk - http://www.toystrunk.com/

Traity - https://traity.com/

Trip4real - http://es.trip4real.com/

TripUniq - http://tripuniq.com/es/

TrocUp — http://www.trocup.com/

Turo - https://turo.com/

Tutellus - https://www.tutellus.com/

U

Uber - https://www.uber.com/es-ES/

UberEATS - https://ubereats.com/

UberRUSH - https://rush.uber.com/how-it-works

Udacity - https://www.udacity.com/

Udemy - https://www.udemy.com/

Ujo - http://ujomusic.com/

Upcounsel - https://www.upcounsel.com/

Upwork - https://www.upwork.com/

V

Vandebron - https://vandebron.nl/
Vayable - https://www.vayable.com/
viagogo - http://www.viagogo.es/
Vibbo - http://www.vibbo.com/
VizEat - https://es.vizeat.com/
Vugo - http://www.govugo.com/drive/

W
Wallapop - http://es.wallapop.com/
Washio - https://www.getwashio.com/ (Cerrada)
WazyPark - http://www.wazypark.com/
Wefunder - https://wefunder.com/
WeSwap - https://www.weswap.com/es/
WeWork - https://www.wework.com/es-MX/
What's The Fare - http://www.whatsthefare.com/
Wimdu - http://www.wimdu.es/
Wingz - https://www.wingz.me/
Withlocals - https://www.withlocals.com/
Wonolo - http://www.wonolo.com/
Wonowo - http://www.wonowo.com/
Wuolah - https://www.wuolah.com/

Y
YardClub - https://www.yardclub.com/
Yescapa - https://www.yescapa.es/
yuniqtrip - http://www.yuniqtrip.com/

Z
Zaarly - https://www.zaarly.com/
Zipcar – http://www.zipcar.com/

Zookal - https://www.zookal.com/
Zopa - https://www.zopa.com/

www.ingramcontent.com/pod-product-compliance
Lightning Source LLC
Chambersburg PA
CBHW060007210326
41520CB00009B/851